Ángel del Río López

VIEJOS OFICIOS DE MADRID

3

Madrid de Bolsillo
EDICIONES LA LIBRERIA

C/ Santiago, 12
28013 MADRID
Telf.: 541 71 70

Portada: Joaquín González.
Fotocomposición: Ángel Gallardo.
Impresión: EMSA, Artes Gráficas.
Encuadernación: Lido.
I.S.B.N.: 84-87290-51-5
Depósito legal: M-13674-1993

Impreso en España/Printed in Spain.

A quienes con sus manos hilvanaron la pequeña historia de Madrid; a quienes con sus labores fabricaron encajes de tipismo; a quienes hicieron posible que los gremios fueran aristocracia popular del pueblo.

EL AUTOR

ÍNDICE

INTRODUCCIÓN AL MUNDO DE LOS VIEJOS OFICIOS

Los amantes de las estadísticas aseguran que en los dos últimos siglos han desaparecido de la faz laboral de Madrid al menos un centenar de oficios tradicionales, negocios ambulantes, artesanales, viejas formas de fabricar, vender y ganarse la vida, gremios que constituyeron algo más que una forma de actividad laboral, que llegaron a ser protagonistas de la infrahistoria, del costumbrismo madrileño.

De ellos se nutrieron sainetes y zarzuelas, en ellos se recrearon Baroja, Ramón Gómez de la Serna, Carlos Arniches, Mesonero Romanos, Galdós, Azorín...

Aquellos oficios artesanales, modestos, humildes, fueron muriendo víctimas del desarrollo, de los adelantos, de la industria y las nuevas formas de comercio. Quedan algunos que mantienen el espíritu tradicional, casi romántico, pero no son lo que eran; no puede ser igual.

Eran trabajos que en el argot castizo se consideraban «alicáncanos» (despreciables), de escaso «apoquine» (mal pagados), que exigían mucho esfuerzo, demasiadas horas de dedicación para luego ganar unas cuantas «beatas» (pesetas) o en el mejor de los casos un par de «barés» (duros).

La mayoría de estos viejos oficios han pasado al olvido y con ellos sus personajes, algunos notables, sobresalientes y con matrícula en la «aristocracia» del barrio. Esta ciudad ha sido injusta con ellos y sólo en algunas de sus calles recuerda aquellos antiguos modos de ganarse la vida: Bordadores, Botoneras, Coloreros, Cuchilleros, Panaderos, Herradores, Tintoreros, Latoneros o Ribera de Curtidores.

El «Fuero de Madrid» recoge disposiciones acumuladas desde 1145 a 1202 bajo los reinos de Alfonso VII y Alfonso VIII. El Fuero tiene un preámbulo: «¡La gracia del Espíritu Santo nos asista! Ésta es la carta foral que elabora el Concejo de Madrid para honra de nuestro señor, el Rey Alfonso y del Concejo Madrileño, a fin de que ricos y pobres vivan en paz y en seguridad».

Y algunas de las normas regulan determinados gremios. Por ejemplo, el artículo LIX habla del pisador y tejedor: «Todo hombre que fuese pisador o tejedor, pise y teja con arreglo a la cana. El pisador pise cincuenta canas de sayal por cuarta de maravedí; y el tejedor teja cincuenta canas de sayal por una cuarta. El cardador llamará a su dueño o dueña a cardar, y, si no los llamare, pague dos maravedíes. El cargador entregará la borra a los propietarios del sayal, pero si no quisieran venir, reciban su sayal y borra que encontraren sin derecho alguno. El tejedor o tejedora tejerá veintidós canas de tejido de lino por cuarta; de lino asedado, dieciséis canas por cuarta; cáñamo y tejido gordo, veinticinco canas por cuarta...»

De quien comprare cuba señala el Fuero: «El hombre que comprase una cuba de vino, véndala con arreglo a la tasa, como los taberneros; pero si vendiere a más, pague dos maravedíes y venda con arreglo a la tasa. Sin embargo, el amo de la cuba venda a como deseare. Todo vinatero o vinatera, tabernero o tabernera, que no vendiese vino tal cual lo comprare, y se le hubiera probado con dos testigos, pague dos maravedíes a los fiadores; y si no se lo pudiera probar, demuestre su inculpabilidad con el testimonio de dos vecinos».

También se ocupa la carta foral de Madrid de los carpinteros: «Carpintero que no construyera tablón de siete palmos pague una maravedí a los fiadores», e igualmente advertía a los panaderos que utilizaran la picaresca: «Cualquier panadera a quien encontraren pan falto de peso, pague medio maravedí, si excediera de tres panes».

En aquel caserío del siglo XII que era Madrid, regido por dieciocho vecinos, de los cuales cinco eran mozárabes, trabajaban botoneros, tejedores, curtidores, carpinteros y herreros.

Si el Fuero de Madrid perseguía con multas a los artesanos o comerciantes que no dieran el peso justo en sus productos, al trasladar Felipe II la Corte a Madrid los castigos se extremaron para los estafadores de peso o calidad, que podían ser condenados a uno o dos centenares de azotes y a la exposición pública, siendo paseados en asno con la mercancía mala o falta de peso colgada del cuello, incluso podían ser condenados a más de dos años de destierro. ¡Qué tiempos aquellos para la defensa del consumidor!

Los libros de Acuerdos del Concejo detallan al menos cincuenta oficios desempeñados por judíos, moros y cristianos de la vecindad, entre los que tienen mayor trascendencia los pellejeros, curtidores, tundidores y zurradores.

Durante el reinado de los Reyes Católicos la población pechera (la que paga los pechos o impuestos a la Corona) tiene sus representantes ante la nobleza entre los oficiales de los distintos gremios que actúan como defensores de las capas más bajas de la sociedad madrileña y de las clases laborales más humildes. A lo largo del siglo XV Madrid empieza a perder su tradición rural para iniciar un importante desarrollo en el campo de la industria, la artesanía y el comercio que permitió extender hacia otras partes del territorio nacional los productos elaborados en la villa.

Los sectores que alcanzaron un desarrollo más rápido y una mejor comercialización de sus productos fueron el textil, especializado en la confección de sargas y sayales; el del curtido de pieles (en la Ribera de Curtidores, en el Rastro, tenían el mercado más importante de España); el del metal, con los mejores herradores, herreros, armeros y cuchilleros del país, y el de los tejeros, con afamados hornos de tejas y ladrillos junto al monasterio de Santo Domingo el Real.

En el año 1498 las Cortes de Alcalá exigen que a partir de entonces todos quienes deseen dedicarse a un oficio deberán salir airosos de un examen gremial. Hasta entonces el ejercicio profesional era libre y los obreros aprendían el oficio allí en el taller o almacén donde trabajaban como aprendices o recaderos.

La artesanía y los oficios experimentan un gran desarrollo a partir de establecerse la Corte en Madrid, en 1561. Había que atender y satisfacer las necesidades de la clase noble que se establecía en la capital de España y eso precisaba de avezados artesanos y esforzados gremialistas.

En la Baja Edad Media existen en Madrid tres gremios muy definidos: los agricultores (regulados por las

Ordenanzas de Madrid de 1739), los ganaderos (marcados por el monopolio de la Mesta) y los artesanos.

Los oficios más frecuentes eran los de la alfarería, curtido de pieles, zapatería y herradores. Fuera del gremio de los artesanos estaban los albarderos, aguadores, cabestreros, carreteros, silleros, porquerizos y fabricantes de yugos. En el sector de la construcción se congregaban los alarifes o maestros de obras, albañiles, canteros, empedradores, tapiadores y tejeros. El sector de la confección contaba con sus fabricantes de borceguíes, calceteros, cinteros, chapineros, zapateros, cordoneros, jubeteros, guanteros, pañeros, sastres, sayaleros, sederos, tejedores, tintoreros, tundidores y cortadores de paño.

El cuero tenía su propio sector en el que trabajaban los curtidores, guarnicioneros, obreros, pellejeros y zurradores de piel. En la hostelería y la alimentación se agrupan varios oficios pero la mayoría eran ocupados por aguadores, confiteros, especieros, mantequeros, mesoneros, obradores, pasteleros y taberneros. La sanidad no estaba cerrada únicamente a los cirujanos y físicos (médicos), también formaban parte del oficio de sanar los barberos, sangradores, boticarios, ensalmadores y componedores de huesos dislocados.

En lo que hoy podríamos llamar «actividades diversas» se ocupaban los escribanos, cereros, esparteros, plateros, relojeros, tinajeros, acarreadores de aceite, acemileros, molineros, aceñeros, carboneros, pastores, pescadores... sin olvidar a los dedicados a la «empresa» bélica: armeros, ballesteros y monteros.

Y todos estos oficios llegaron a alcanzar fama y renombre, compitiendo con otros consolidados en otras latitudes. Así la industria textil madrileña llegó a ser tan preciada como la de Toledo o Segovia. La industria del curtido es espléndida en la Baja Edad Media y se dice que incluso llegó a superar la fama que desde siglos atrás tenía la cordobesa.

Tras haber quedado reglamentados los gremios en el siglo XVI, el propio rey Carlos III, por Real Cédula de 1783, defendía y limpiaba el honor de estos trabajadores al declarar que «no sólo el oficio de curtidor, sino también las demás artes y oficios de herrero, sastre, zapatero, carpintero, y otros a este modo, son honestos y honrados; y que el uso de ellos no envilece la familia, ni la persona del que los ejerce, ni la inhabilita para obtener los empleos municipales de la República en que estén avecindados los artesanos o menestrales que los ejerciten».

Poco varían las cosas hasta el siglo XIX, cuando los cambios sociales y económicos, el desarrollo de la industria y la nueva tecnología hacen que el trabajo manual quede relegado. Comienza entonces la lenta y larga agonía de los viejos oficios.

En 1844, Ramón de Mesonero Romanos describe el ambiente de Madrid y en él introduce varios párrafos que hacen referencia a los oficios de la época: «Al rayar el día empieza lentamente el movimiento de este pueblo numeroso. Se abren sus puertas para dar entrada a infinidad de aldeanos que conducen las producciones de sus lugares circunvecinos para depositarlas en los abundantes mercados de la capital... Los carros de los ordinarios que salen se cruzan con la chirriante carreta de bueyes que viene cargada de carbón y se llenan los talleres de los artesanos de multitud de obreros que van alegres a sus trabajos respectivos... La Puerta del Sol empieza a ser el centro del movimiento del público y del quietismo de una parte de él, que se la reparten como su propiedad... El artesano, entre tanto, que al punto de las doce dejó su trabajo, prepara su comida sencilla...»

Al llegar la noche el pueblo laboral descansa y la sociedad noctámbula pasea las calles en sus carruajes, hace tertulia en los cafés o aplaude —quien sabe si se duermen— en el teatro: «...Y va disminuyendo el número hasta que ya a las dos de la mañana se oye sólo la voz del vigilante sereno, que canta la hora y avisa al desvelado las que aún le faltan por penar...»

Aun así, en el primer tercio del siglo XX Madrid mantiene cincuenta huertas, noventa lavanderas, cincuenta buñolerías, cuatrocientas peluquerías de caballeros y setenta de señoras, cincuenta traperos, paragüeros-lañadores, dos casas de compra-venta de botellas vacías, seiscientas cincuenta cacharrerías, treinta constructores de carruajes, doscientas mondonguerías, seis freidurías, veinticuatro fábricas de gaseosa, once herrerías, doscientas cincuenta hojalaterías, veintiséis almacenistas de paja y alfalfa, seis fábricas de petacas, doscientas comadronas, siete almacenes de sebo, cinco secadores de pieles, dos fábricas de sifones y cincuenta traperos.

En febrero de 1992, coincidiendo con la capitalidad europea de la Cultura que Madrid ostentó durante este año, se celebró un encuentro cultural sobre el pasado, presente y futuro de los oficios callejeros, una idea nacida de Henri Noubel, profesor en el Liceo Francés. En palabras de Noubel, «poco a poco Madrid se va quedando sin estos personajes tan necesarios en la vida cotidiana de la ciudad».

A través de los viejos oficios, algunos de ellos ya desaparecidos e irrecuperables, iremos conociendo la transformación social de Madrid, las formas de vida de la población, la popularización de algunos gremios y su influencia en la historia de la Villa.

Conoceremos a la Maruja, la Damiana y la Ruperta, tres cigarreras de Embajadores de armas tomar, que enhebraron aromáticas labores con rasgos de chulería castiza; delirio de los guardias de Corps, personajes para la zarzuela y el sainete, altaneras, capaces de protagonizar una huelga en aquel Madrid de 1877.

Nos detendremos en la vida y milagros de aquellos redentores de la sed madrileña: los aguadores. Personajes populares que llevaban el líquido elemento a aquellas zonas donde todavía la gracia de Isabel II no había sido capaz de acercar el agua y meterla en las viviendas. Nos ocuparemos del último aguador de la fuente de la Mariblanca, muerto en acto de servicio cuando un centinela le abatió de un tiro.

Aparecerán en la escena de este libro hombres taciturnos que llevaban pértiga de remate incandescente para prender los faroles. Fueron los faroleros personajes incrustrados en el Madrid profundo del casticismo más romántico. Cada tarde, antes de que el día se apagara, se daban cita en la Puerta del Sol para distribuirse el trabajo y los utensilios: aceite, escalera, torcidas, pértigas y paños para limpiar. En el año 1930 dijeron adiós a la cita diaria con los faroles. Dicen que Pedro Vidal lloró de sentimiento. Era farolero del paseo del Cisne y llegó a salir en la prensa cuando su mujer alumbró un niño con seis dedos en cada mano y en cada pie.

Con los tranvías, en 1972, se fueron los tranviarios, justo cien años después de que se inaugura la primera línea de este popular medio de transporte. Un siglo de trasegar raíles, de recolocar troles y espantar a golfillos que intentaban viajar gratis colgados de las jardineras. Antón González fue uno de los últimos tranviarios y con él recordamos parte de este romántico modo de moverse por Madrid.

Recobraremos en estas páginas la estampa de los barberos, sacamuelas y sangradores, en épocas considerados brujos, magos o santos. Y los hubo tan famosos y dicharacheros, también un poco embaucadores, como el célebre «Lamparilla», personaje de zarzuela que para muchos no era invención sino de carne y hueso elevado a la escena por Luis Mariano de Larra; o los Rebolledo, padre e hijo de profesión barberos, personajes barojianos.

Percibiremos el olor penetrante a canela y vainilla de los barquilleros que iban perfumando los paseos del Prado y del Retiro. Para las verbenas se vestían de chulapos con parpusa, safo al cuello, camisa blanca con los puños vueltos, chaleco y pantalones de cuadros de pata de gallo. Rondaban las verbenas de Soto de Migas Calientes o la de la Paloma con sus barquilleras para jugar y casi siempre perder porque la picaresca era su aliada y en la trampa estaba la ganancia. Protagonistas de escenas de amor cabalgando sobre la zarzuela, o personajes imprescindibles del costumbrismo madrileño y de la literatura universal, no en vano en El Quijote el doctor Pedro Recio Tirteafuera recomienda a Sancho «comer sino un ciento de canutillos de suplicaciones», es decir, barquillos.

Con un poco de imaginación el lector podrá escuchar al doblar la página de este libro el sonido seco del chuzo del sereno y su voz recia anunciando la hora y el tiempo. Nacieron con el reinado de Carlos III y se fueron en la década de los años setenta para volver muy fugazmente y desaparecer para siempre. Más de doscientos años de velar la noche madrileña, de serenar broncas y poner paz en querellas domésticas. Asturianos o gallegos, principalmente, algunos de ellos escribieron sus nombres en la pequeña historia de Madrid, como

Esteban Dolz de Castelar «cavezón» o «jefe de serenos»; Ramón Santiago Fernández, con ochenta y siete años de edad y cuarenta de servicio, velaba todas las noches la plaza de Oriente; Baltasar Fernández Madrid, cuarenta años en el cargo, ochenta y dos de edad y sereno en la puerta del Banco de España... Con ellos se fue la calma de la noche madrileña, la autoridad cierta, la ayuda siempre a mano, la palmadita y el remedio al olvidadizo y jaranero que había perdido la llave del portal.

Aún queda en el paseo de los Pontones el edificio que fue asilo de lavanderas, cuando ya en el recuerdo, a veces frágil de la historia popular madrileña, casi se ha borrado la estampa de la lavandera, de los bancos del Manzanares, de las coladas tendidas al oreo de la ribera. De las lavanderas se ocupó Carlos III quien encargó a Juan de Villanueva construir un lavadero cubierto en la orilla oriental del río y la Reina María Victoria, en 1871, decidió que se construyera un asilo para estas humildes mujeres a las que la vejez sumía en absoluto desamparo. En la zarzuela las lavanderas son protagonistas de una historia de amor y celos, menos populares, eso sí, que doña Gorgorita, lavandera de vieja, corista de Los Bufos en su juventud.

A través del tiempo y acercándonos al recuerdo podremos percibir el aroma precursor del invierno, el olor a las castañas recién asadas en una esquina o en el regazo de una valla. Vuelven como aves de otoño las castañeras y nos recobran los recuerdos infantiles de tiempo de castañas asadas en cucuruchos de papel de estraza que doblaba cuidadosamente la señora Joaquina por la calle de Peña Prieta. Allá por el siglo pasado hubo en Madrid, en Lavapiés, una castañera de rango, la Geroma, fiaba a quienes no llevaban suelto y repartía castañas a los golfillos de las yemas de los dedos heladas.

Don Ramón de la Cruz hizo un sainete dedicado a estas mujeres, «Castañeras picadas», con una protagonista llamada Pintosilla, y también Arniches recreó su gracia en otra castañera, la señora Ezequiela... Estampas de un Madrid galdosiano que aún se resisten a morir y cada vez que los fríos y los vientos presagian la llegada del invierno, vuelven las castañeras a Madrid para perfumar de aromas el seco ambiente y poner pequeñas estufitas de dulzón fruto en los cucuruchos de papel de estraza.

Y de dulzón fruto se llenaban las calles de Madrid en estación bien distinta, en el verano con los puestos de melones y los meloneros que los arrastraban desde Villaconejos para ofrecer la mercancía a cala y a cata. Meloneros que cada 8 de noviembre bajaban hasta la romería de la ermita de la Virgen del Puerto y con tal costumbre y tradición dieron el sobrenombre de Melonera a esta Virgen traída de Extremadura y asentada junto al Manzanares.

Si Madrid ha tenido y tiene viejos oficios que se resisten a morir y tipos populares que encarnan esos oficios, especial relieve merecen los organilleros, encargados de poner música al casticismo, celadores de ese tesoro de notas que se esconde en el vientre de cada organillo, instrumento que habiendo nacido en tierras italianas parece hijo de la manolería y parido en el lecho de una corrala de Lavapiés. Y tan extranjero como el organillo es el chotís y sin embargo no hay pieza musical más arraigada a esta villa y corte. Por la geografía costumbrista de Madrid, por romerías, verbenas y saraos han merodeado los organilleros, desde el Majuelo, el Murcia, el Corbata y el Carbonero, hasta el maestro Izquierdo y Mariano, pasando por el Sordo, el

Niño de la Onda o el Claveles, todos ellos alma de chotís, alma de Madrid.

Nos reuniremos en el rellano de algunas páginas con las desaparecidas modistillas, esas hembras de Lavapiés bañadas en hilos, ribeteadas de pespuntes castizos, hilvanadas en la raigambre madrileña. Devotas de San Antonio, su santo casamentero, estas hembras que tomaban La Bombilla para romper corazones, eran chulaponas en la Paloma y majas en San Antonio.

Nos recrearemos en esa clase de la «aristocracia» madrileña que fueron los chisperos, vecinos y trabajadores de la zona de Barquillo donde se instalaron fraguas y herrerías, oficio que ya se cita en el Fuero de Madrid de 1202. Los chisperos gozaban de ser la clase valiente y altanera, algo bravucones y pendencieros, quizá porque eran forja de yunque diario. De sus hermanas se dice que podía llamárselas también «chisperas» por su garra y coraje, no en vano algunas de ellas mataron con un tiesto de claveles «descuidado» desde una ventana al general Legrand, hombre de confianza de Napoleón.

En este libro de sensaciones trasnochadas, de rancios aromas, no podíamos pasar por delante de la galería de viejos oficios sin aspirar el aroma fuerte y aceitoso de las gallinejas, de las freidurías, algunas de las cuales han resistido el paso del tiempo y dejan oír el crepitar de su fritanga. Madrid tuvo en la restauración democrática un concejal, presidente de la junta de Centro, que toda la vida había obtenido por oficio y beneficio una caseta dedicada a la freiduría. Era el popular Benito Martín, más conocido como «el Gallinejas».

Iremos por el borde de estas páginas hasta la Puerta del Sol para montar en coche de caballos, en calesa, diligencia o simón, llamado así este último por haberlo introducido un gallego, Simón Tomé. Nos detendremos en la estampa de los cocheros, en los avatares de su oficio, arriesgado oficio en algunos casos que les acarreó la muerte, como al cochero del almirante de Castilla, muerto por un tiro de alcabuz que le disparó la Marquesa de Leganés.

Saldremos a la busca con aquellos traperos que en su literatura inmortalizó Pío Baroja: el señor Custodio, por ejemplo. Recobraremos el viejo oficio de la busca y de las traperías perdidas en los arrabales de las Ventas, las Cambroneras, el Arroyo del Abroñigal, el Cerro de la Plata o el barrio de las Injurias. Humildes protagonistas fueron los busqueros de la infrahistoria madrileña, más de la literatura que de la vida propia.

Nos recrearemos con aquellos encantadores de corrillos que eran los charlatanes, los adivinos, los vendedores de ungüentos curativos, comunicadores de la calle y de la esquina, convencedores al sol y a la sombra, capaces de dejar bocas abiertas y ojos abiertos como luceros con su palabrería y sus extrañas artes para adivinar lo más recóndito y escondido. Charlatanes para distraer, convencer y quizá animar destemplanzas.

En los viejos oficios de Madrid nos reencontraremos con los gremialistas del pasado, aquellos escribientes y memoralistas asesores de analfabetos, redentores de esperanzas escritas en una carta, confidentes y celadores de secretos inconfesables; los paragüeros-lañadores, cirujanos de sartenes y perolas; conoceremos a las trasnochadas botoneras, diestras, artesanas, alcahuetas, castigadas por Felipe IV a causa de una indiscreción; visitaremos a los antiguos boticarios, obradores de pócimas y remedios de rebotica, capaces de aliviar males repentinos del cuerpo, personajes de sainete y zarzuela; recorreremos los gremios donde se ocuparon tintoreros, churreros, soguillas, limpiabotas, canteros, botijeros, floristas, vendedores de queso y miel de La Alcarria y colchoneros, los vareadores de la lana y de la borra, mullidores de descansos, cimbreadores de madejas apelmazadas.

Viejos, entrañables, queridos oficios, muchos de ellos ya en el olvido, tradición de un pueblo artesano, manual, obrador, celoso de sus costumbres y de su forma de trabajar, pequeña historia cotidiana sin la cual es más difícil entender la gran historia de los acontecimientos supremos.

LAS CIGARRERAS DE EMBAJADORES, CHULAPONAS, HEMBRAS DE ARMAS TOMAR

La Maruja, la Damiana y la Ruperta eran tres cigarreras de postín, nacidas, criadas y formadas en la calle del Sombrerete, junto a la Corrala. Hembras de armas tomar, aficionadas a darle a la «húmeda» cuando el «baranda» de la fábrica de tabacos las sorprendía metiéndose la «tova» del cigarrillo entre las faldiqueras. Lucían terno nuevo llegadas las fiestas de San Lorenzo y acudían a La Bombi de «bureo» para volver con los «pinreles» hechos polvo de tanto bailar, porque la Maruja, la Damiana y la Ruperta, cigarreras de postín, lo mismo se marcaban una mazurca que un chotís.

Eran de Lavapiés y, por tanto, «manolas», chulaponas de rompe y rasga. Eran representantes ajustadas y fieles de esa clase laboral, constituida casi en un gremio desde que en el año de gracia de 1809 se creó la Fábrica Nacional de Tabacos ocupando el edificio construido en 1790 para fábrica de aguardientes, barajas y papel sellado junto al Portillo de Embajadores. Fábrica en la que se ocupaban 3.000 operarios, en su mayoría mujeres y de oficio cigarreras.

Un oficio que después sería emblemático en el casticismo, representado en sainetes y zarzuelas. Un viejo madrileño, Antonio Candela, dice de las cigarreras: «Son mujeres de armas tomar, a las que hay que tratar de usía. Estas buenas mozas, ariscas por demás y flamencas hasta lo indecible, no se parecían a nadie más que a ellas mismas, y de las que se podía esperar todo, según se las pillase, pero en el fondo, muy en el fondo, eran unas buenas chicas. No era recomendable para la salud de nadie el enfrentarse a una de estas damas. Su fama era notoria y constituían una auténtica leyenda en todo el barrio de Embajadores y sus alrededores».

Ya llegó el día del cobro,
el día de los apuros:
unas se van por pitillos
y otras se van por los puros

Ellas mismas fueron las inventoras de esta coplilla que de forma desenfadada cantaban poniéndole música de chotís.

El día de su inauguración la Fábrica de Tabacos, conocida popularmente como de cigarrillos y rapé, tenía ocupadas a 800 cigarreras. Era el primero de abril del año 1809 y los madrileños estaban gobernados por el intruso Pepe Botella. Ya a finales de siglo, en 1893, las cigarreras habían cobrado tal fama popular que el escritor Carlos Ossorio y Gallardo no pudo sustraerse a la tentación de retratarlas en su libro «Crónicas madrileñas». De ellas dice que en esos lustros «la Fábrica de Tabacos madrileña ya ha cobrado merecida fama de tener entre sus muros a las mujeres más guapas, más castizas y más "echás pa alante" de cuantas pulularon por las calles, callejas y plazas de nuestra Villa y Corte.

Y así en la humilde esfera de la sociedad conquistar un puesto de cigarrera en la Fábrica, viene a ser como lograr una alternativa de mujer de rumbo, de gracia y de atrevimiento».

Yo soy la pitillera
de más primores
que pasa por la calle
de Embajadores.
Y al ver este palmito,
y al ver mi gracia,
se van diciendo todos
¡quién te pillara!

Para Carlos Ossorio y Gallardo, las cigarreras fueron de las pocas mujeres de Madrid que en sus gustos, modas y tendencias marcadas desde los tiempos de José Bonaparte no sucumbieron a las tendencias del afrancesamiento. «La cigarrera permanece, aferrada a sus costumbres, pensamientos y modas, como si para ella nos encontráramos en pleno florecimiento del sainete en el teatro, los frescos en los muros, el zapato de cinco puntas con galas en los pies y la ancha franja de velludo en la terciada mantilla».

Salían al caer la tarde oliendo a tabaco, perfumadas con aromas de cuarterón, llenas sus manos de labores, apestadas a veces de fragancia de «Peninsulares». En la puerta, en la calle de Embajadores o en la del Casino, las esperaban sus pretendientes, personajes de zarzuela, pacientes mozos que sujetaban tapias con sus espaldas en una espera que para unos sería útil, pues de «marearse» a la cigarrera se trataba, y para otros estéril, que las gachís a veces eran juguetonas, pretenciosas y soñaban con volar por encima de sus casas de las corralas para encontrar pretendiente de mayores «posibles» que el Julián, el tipógrafo, escaso de cuartos y siempre oliendo a disolvente, con la tinta metida entre sus uñas en un luto riguroso y permanente; o que el Manolo, ebanista, con el serrín acostado en sus orejas, al que las chicas del barrio llamaban «El Virutas», que ganaba quince reales al día cuando una gallina costaba tres pesetas o 2,10 el kilo de carne de vaca; o Hilario, el albañil, al que tocar las manos era como pasear la piel por encima de una lija, porque el yeso y el cemento habían puesto grietas en las palmas y la cal se metía en las uñas con el mismo tesón que al Julián se le metía la tinta.

Las que se conformaban con la fauna obrera que las esperaba a la salida, pelaban la pava desde el Portillo hasta la plaza de Lavapiés donde sólo un día de fiesta podían tomarse una horchata o cuando más un bocadillo de gallinejas. Por ser cigarreras estaban en la «obligación» de sacar tabaco para el pretendiente, aunque los escasos sueldos no daban más que para un paquete de «mataquintos», buen sobrenombre para una labor de baja calidad que era una especie de bomba para la garganta y una prueba de fuego para los pulmones, aunque por treinta céntimos poco más se podía esperar.

Ramón de Mesonero Romanos escribe en 1844 sobre la Fábrica de Tabacos: «Después de la guerra de la Independencia, continuó la Fábrica, que por aquel entonces y hasta mediados de 1816, tenía a 400 o 500 operarias que elaboraban cigarros mixtos, comunes de Virginia y cigarrillos de papel. En diciembre de 1817 se estableció a cargo de un director interino, y en 1818 se nombró un superintendente con iguales prerrogativas que el de la fábrica de Sevilla, subsistiendo así hasta 1822 con unas 600 operarias, elaborando cigarros de todas clases. En julio de 1826 cuenta con 3.000 operarias, y las labores en el año último de 1843 han sido 14.925 libras de tabaco habano, 123.552 de mixto, 652.707 de común, y picado 29.809. La figura del edificio de la Fábrica es regular y sencilla, teniendo de línea su fachada 428 pies y 237 al costado, que multiplicados componen un total de 101.436 pies superficiales. Tiene además un corralón por el costado que mira al mediodía, y prolonga su fachada en 63 pies con 14.931 de superficie».

Dentro de la Fábrica existían los rangos, las categorías, las clases, según la labor realizada. Se podía llegar a ser maestra de labores y estar al mando de un rancho o partido. Quien llegaba a ostentar tal puesto podía pavonearse por las calles del barrio como poseedora de una categoría dentro de la clase cigarrera, cosa que no se alcanzaba con excesiva facilidad pues antes deberían haber pasado por las categorías inferiores de pitillera, embotadora, empaquetadora y cartuchera. Algunas no conseguían brillar por su destreza, quedaban ancladas en su labor primitiva y por lo tanto habían de conformarse con permanecer rezagadas en el escalafón de las labores y terminar siendo, años antes de la edad de jubilarse, espalilladoras, que no tenían otro cometido que ir aligerando las hebras de tabaco de la paja, palillos y otras inmundicias que pudiera traer de origen y en consecuencia era el trabajo menos remunerado, estimado y pretencioso que podía tocarle a una cigarrera. Para la mayoría constituía simplemente el retiro, la decadencia de la destreza de las manos, de la rapidez en el embote, en el empaquetado, en el liado de los pitillos. Cuando ya los dedos no respondían, se encasquillaban con los años, se convertían en espalilladoras, a las que retrató un cronista de la época: «Cada anciana empalilladora es un trozo de historia conservada en un pergamino».

Dicen que las cigarreras, mozas guapas y de incitadoras caderas que sabían explotar con inteligencia y medida, eran el delirio amoroso para los guardias de Corps y de más de un pícaro noble que en su galería de amoríos no podía prescindir del trofeo de una bella cigarrera de Lavapiés.

Son las cigarreras
la nata y flor
con toda esa gracia
que Dios las dio.
Cuando se arrebujan
en el mantón,
parece que pasa
la procesión.

Pero las cigarreras no sólo eran hembras de armas tomar, postineras, rompecorazones, eran también mujeres hechas y derechas para enfrentarse a los avatares de la vida, al destino que casi nunca les hacía un guiño amable o una caricia. Ocurrió el 15 de noviembre de 1890 que la Fábrica de Tabacos fue presa de un gran incendio. Cuentan que el edificio parecía la boca de un gigante expulsando bocanadas de humo, humo que olía a tabaco. La destrucción de la Fábrica las dejó en la calle, en el paro, y como en aquellos tiempos los derechos sociales no se habían asomado al mundo laboral y el subsidio de desempleo ni siquiera era una utopía presentida, tuvieron que ingeniárselas para poder salir adelante.

Y no se les ocurrió otra cosa a las bravas cigarreras que tocar todos los palillos para conseguir que en el Teatro Apolo se organizara una representación benéfica a la que asistió la reina regente doña María Cristina. Concurría el hecho extraordinario que era la primera vez que la reina asistía a un espectáculo público después de la muerte de su esposo, el rey Alfonso XII. Las cigarreras nada sabían de la asistencia de doña María Cristina. Unas quedaron paralizadas con la presencia de la reina, otras no pudieron contener las lágrimas, pero todas reaccionaron con prontitud, salieron a la calle y por tiendas y puestos compraron todas cuantas flores tuvieron a su alcance, no sin antes procurarse 3.200 reales a través de una colecta improvisada. La reina, emocionada, prometió ayuda a las cigarreras. El palco real no fue espacio suficiente para albergar tantos ramos de flores.

Las cigarreras se habían convertido en personajes de enorme atractivo para la escena, personajes populares, ricos en costumbrismo para ilustrar sainetes, comedias y zarzuelas. Las cigarreras empezaban a protagonizar parte de la escena española.

El 20 de septiembre de 1880 se estrena en el teatro de la Comedia una obra de Ruperto Chapí con libreto de José Estremera. Se llama «Música Clásica» y en ella se introduce un cantable sobre las cigarreras. La pitillera de la obra es Paca, a quien pretende Cucufate, cesante de una oficina de loterías y que se hace pasar por músico para satisfacer las preferencias del señor Tadeo, el padre de la Paca.

Julián Romea y Joaquín Valverde ponen música a la «Niña Pancha», que se estrena en el teatro Lara el 13 de abril de 1886. Uno de los papeles que representa la protagonista es el de una chula de Lavapiés, de profesión cigarrera:

Yo he sido cigarrera,
maestra de labores,
y me crié en la calle

tan renombrada
de Embajadores.
Los pitillos y puros
que tocaban mis manos,
en el gusto enseguida
los conocían
los parroquianos.

El 14 de mayo de 1897 se estrena en el teatro Romea «Las cigarreras», de Ángel Munilla y Luis Ferreiro, con música del maestro Santonja. Es la zarzuela cuplé dedicada a estas mujeres:

Miste usted que tienen gracia
los cigarritos,
pa que luego los fumen
los señoritos.
¡Olé mi tierra,
que no hay fábrica como
la madrileña!
Si están flojos los tiran
los caballeros,
porque aluego revientan
y hace agujeros.
¡Qué señorones,
que chupando se tragan
toos los pulmones!
Las labores nos piden
muy especiales,
y aluego se nos paga
con cuatro riales.
¡Qué triste pena,
tener el duro oficio
de cigarrera!

En la zarzuela de Miguel Echegaray y Ruperto Chapí, llamada «El sombrero de plumas», las vecinas cantan esta copla alusiva:

A la puerta de casa
me vio un chulapo
y me dijo: esta chica
huele a tabaco.
Buen olfato tenía
el muy gatera:
de la Fábrica vengo
¡soy cigarrera!

Varias zarzuelas más tuvieron en las cigarreras personajes pintorescos, protagonistas unas veces, de recreo otras, siempre presentes en las escenas más castizas, siempre ocupando papel preponderante cuando de pelear hembras o castigar chulos se trataba.

La Carmen de Merimée era cigarrera, de Sevilla, de la primera Fábrica de Tabacos de España. De la de Madrid no salió ninguna Carmen pero sí más de una Maruja, Damiana o Ruperta.

Poco a poco el oficio fue presa de la tecnología. Las manos hábiles, aromatizadas de tabaco de las cigarreras fueron sustituidas por la fría máquina, por la elaboración en cadena, y las cigarreras de sainete y zarzuela se convirtieron en postales amarillentas, en recuerdos trasnochados de un Madrid que se nos escapa de entre las manos sibilinamente. Juan Antonio Cabezas se lamentaba, allá por la década de los años sesenta, del declive de este oficio: «¡Qué pena, lector! ¿Puedes creer esto? Ya no quedan cigarreras jóvenes en Embajadores. La Fábrica de Tabacos ya no es un alegre avispero de mocitas sandungueras, "Castas" y "Susanas" de "La

Verbena". La última promoción admitida es ¡ay! de los años veinte. Las máquinas han expulsado de la Fábrica a la juventud y con ello la proverbial sandunga de las cigarreras. Todas las que hoy quedan están más cerca de la jubilación que del "divino tesoro"».

Y aquéllas que se jubilaban o las que por diversas circunstancias de la vida quedaban en estado de indigencia, eran recogidas en un local contiguo a la Fábrica, en el número 1 de la calle del Casino, una especie de asilo para cigarreras.

—¿Y a usted qué le aflije, buena mujer?

—Ando tirada por la vida, voy mendigando un mendrugo de pan. Duermo en la calle y paso las enfermedades en la escarcha de los adoquines.

—¿Y su familia?

—¡Ay la familia, señor! Mi Hilario murió hace ya muchos años, tantos que ni me acuerdo. Le aplastó un carro cuando trasegaba aceite. Lo hijos. ¡Ay, los hijos, señor! Uno me ha salido golfo y anda en la cárcel Dios sabe por cuánto tiempo... La chica. No me haga usted hablar...

—¿No tiene un asilo donde ir?

—A mi nadie me encierra en un asilo... Yo, la Pepa, ¡ahí es ná! lo que he sido y en lo que he acabao.

—¿Fue usted rica, señora, tal vez marquesa o quizá artista?

—¡Quiá! Fui mucho más, señor. ¡Fui cigarrera!

En el mundo laboral las cigarreras siempre tuvieron fama de revoltosas. Una crónica del mes de julio de 1877 nos habla de ello: «Huelga de cigarreras en la calle de Embajadores. Estas huelgas son periódicas y tradicionales: la lengua es el arma que esgrimen con más destreza las alborotadoras, cuatro o cinco mil mujeres que insultan y avasallan. El motín dura ya diez días. Todas hablan a la vez. Las cigarreras son así».

...Eran así.

LOS AGUADORES, REDENTORES DE SED EN LOS SUBURBIOS

Cuentan que Alejandro Dumas pidió un vaso de agua a un aguador. Bebió la mitad y le encargó que regalara el resto al Manzanares, «que estaba sediento».

Aun siendo Madrid siempre ciudad rica en aguas, con manantiales cristalinos, puros, medicinales y fuentes en abundancia con caños generosos, no siempre el líquido elemento llegaba a todos los puntos de la ciudad, y precisamente era más escaso en aquellas zonas donde la población por su precariedad más lo necesitaba. Es por ello que desde antiguo la figura del aguador se convierte en un bálsamo para la sed, en el bien esperado.

El 22 de agosto de 1770 se publica un bando municipal que en síntesis dice: «El uso del agua de las fuentes públicas es libre y gratuita para todos los vecinos. Se establece que ninguna persona tenga que esperar a que los aguadores les concedan la vez, y que éstos no moverán quimeras y broncas con los vecinos por esta causa.»

Eran aguadores y aguadoras, hombres y mujeres que recorrían los caños de la Villa para cargar sus cubas y después distribuir el agua por los barrios más necesitados. Eran muchos los dedicados a este menester y existía gran competencia entre ellos. La cosa pasó a mayores cuando algunos decidieron poner negocio estable y vender el líquido elemento en puestos y quioscos. Se creían con mayor derecho al monopolio que los vendedores ambulantes y frecuentemente surgían las riñas que solían acabar a puñetazos o en desairadas arrancadas de pelo cuando en ellas intervenían las aguadoras en defensa de su competencia. Esto hizo que las autoridades municipales terminaran prohibiendo a los ambulantes que pasaran con sus toneles y vendieran el agua cerca de los quioscos y puestos establecidos para tal fin.

De esas pendencias deja constancia la zarzuela «Agua, azucarillos y aguardiente». Las dos protagonistas, aguadoras de rompe y rasga, se enzarzan en una riña por conseguir parroquianos propios:

> Tú sin duda te has creído
> que yo soy una cualquiera
> porque tú tienes tu puesto
> y yo voy con la basera.

Mesonero Romanos se refiere a los hombres y mujeres de este gremio: «Los aguadores asturianos y gallegos suelen servir igualmente de mozos de compra, y el precio de su trabajo suele ser de 20 reales al mes, con lo cual surten de agua que toman en las fuentes principales.»

Pío Baroja se recrea en la figura del aguador, y coincide con Mesonero en que eran generalmente asturianos o gallegos. Solían vestir calzón corto y chaqueta pequeña. El traje era de paño grueso con un trozo de cuero sobre el muslo derecho sobre el que apoyar la cuba y no desgastar el paño. Dice Baroja que en el verano el aguador encuentra fuerte competencia en el

Prado y Recoletos «donde se sirve el líquido endulzado con un azucarillo».

Ramón Gómez de la Serna también se ocupa de los aguadores, «que suben las escaleras de las casas, se hacen amigos de la cocinera y sirven el agua con un gesto tan parsimonioso como si vertieran el mejor de los vinos en las tinajas maternales».

Una de las justificaciones que alegaba el rey Felipe II para trasladar la Corte desde Toledo a Madrid en 1561 era «sus buenas aguas». Coinciden incluso algunos historiadores en que la génesis del nombre de Madrid era Matrice, madre del agua, y especial fama alcanzó desde tiempos inmemoriales el arroyo de aguas cristalinas que corría por lo que hoy es la calle de Segovia y que era la frontera entre las dos colinas, Las Vistillas y la Almudena. Los verdaderos protagonistas del agua en Madrid fueron los árabes, auténticos maestros en la búsqueda y conducción del agua, y eso propició el que fructificaran y se hicieran ricas las que habían sido tierras baldías de los campos madrileños.

Madrid estaba situada a una altitud considerable sobre el Manzanares, por lo que el aprovechamiento de las aguas del río se hacía harto difícil y los ingenieros árabes aguzaron su ingenio para explotar los llamados viajes de agua o aguas subterráneas. Entre los viajes más famosos por el caudal que proporcionaban se encontraban por este orden los del Abroñigal, el de la Castellana y el de Alcubilla. Entre todos ellos proporcionaban a Madrid 3.246 metros cúbicos por día. Hay que tener en cuenta que en la Edad Moderna cada madrileño consumía un promedio de 30 litros de agua por día, lo que quedaba garantizado el suministro para 81.000 personas.

Existían otros viajes, llamados de aguas gordas, no

aptos para el consumo humano y que se destinaban a riegos, lavaderos públicos y limpieza de alcantarillas. Eran los viajes del paseo del Prado, Caños de Leganitos, Caños del Peral, Caños Viejos y los de los Altos del Espíritu Santo.

A pesar de la abundancia de aguas, la climatología en Madrid ha sido siempre caprichosa y desigual. A períodos de lluvias torrenciales que desbordaban el río Manzanares y otros arroyos inundando muchas zonas y sumiendo en la pobreza a sus habitantes, seguían otros períodos de sequía que agostaban los arroyos, hacían escasear el agua y traían importantes y desvastadoras epidemias.

Pero el agua siempre estuvo mal repartida en Madrid. Los grandes viajes, los arroyos, eran monopolizados por las clases privilegiadas y el resto de la población se las veía y se las deseaba para poder acceder al líquido elemento.

Como consecuencia de la necesidad de buscar el agua y llevarla a las zonas que no estaban favorecidas por la presencia cercana de arroyos y fuentes, nace la figura del aguador, que bien con el cubilete al hombro y provisto de una basera para despacharla o transportando cubas en carromatos de mulas cansinas y retozonas, van a buscar el agua a los caños de las fuentes públicas ubicadas en lugares alejados de la población más necesitada.

Subían los aguadores desde las Peñuelas o el Portillo de Embajadores hasta la fuente de la calle de Segovia, una de las más solicitadas y que aún existe. Estaba encajonada al fondo de una pequeña plazoleta, viendo discurrir por su base el arroyo maloliente de Pozacho o las aguas desbordadas de las fuentes que había en la Puerta Cerrada.

Junto a los aguadores paraban los trajineros que daban reposo a sus caballerías para que saciaran su sed en uno de los tres pilones de la fuente. Ésta de Segovia era también lugar de cita para las criadas de servicio que esperaban a sus guardias de Corps. Los aguadores, una vez cargadas sus cubas, encaminaban sus carros hacia las Peñuelas, la Cuesta de la Vega o atravesaban el puente de Toledo para llegar a los Carabancheles. En fiestas y verbenas metían el agua en botijos de barro y ofrecían el trago fresco al chulapo de la garganta reseca por el polvo terragal verbenero o para alivio del estómago castigado por un empacho de grasientos churros.

También acudían los aguadores a coger el líquido a los caños de la fuente de la Mariblanca, instalada en plena Puerta del Sol, delante del hospital del Buen Suceso. La fuente estaba servida por el viaje de agua del Alto del Abroñigal, uno de los que gozaban de fama, de tener el agua más saludable de Madrid.

Cuentan los cronistas de la época que la fuente de la Mariblanca era algo más que un ornamento que a la vez proporcionaba agua en abundancia, era un símbolo de la Villa y en ella se daban cita los más variados personajes. Los aguadores se tomaban la licencia de entretener los ratos muertos mientras se llenaban las cubas en fechorías de mal gusto, como simular riñas y provocar que algún generoso viandante se pusiera por medio para establecer la paz, momento en el que los gamberros aguadores, que solían ser asturianos, aprovechaban para empujar al buen samaritano y precipitarle de lleno al pilón.

Otra de las fuentes importantes y de reconocida fama popular era la del Berro:

¡Caballeros, la aguadora!
¿Quién la quiere?
¡Agua de la fuente del Berro!
¿Quién la bebe?

Ramón Gómez de la Serna dijo que la de esta fuente era «agua recetada». Tenía fama de poseer propiedades medicinales, hasta el punto que la propia reina Isabel II hacía que le llevaran hasta palacio el agua de la fuente del Berro para su consumo personal a través de una reata de asnos dispuesta exclusivamente para esta función. Uno de los personajes galdosianos de «Fortunata y Jacinta» tenía entre sus botijos uno destinado al agua de la fuente del Berro.

El manantial que surtía a la fuente tenía su nacimiento en una hondonada del Arroyo del Abroñigal y a ella acudían los aguadores para servir el líquido elemento hasta que en el siglo XIX un poderoso hombre de negocios suizo compró los terrenos anejos a la fuente y los convirtió en exhuberantes jardines y ricos prados regados con este agua, después construyó un palacete y empezó a denominarse el paraje como la Quinta de la fuente del Berro para disgusto de los aguadores que nunca más pudieron volver al negocio del agua de esta fuente.

Mediado el siglo XIX y como consecuencia de uno de los períodos de pertinaz sequía, Madrid padeció una importante escasez de agua. Gracias a los antiguos viajes y al depósito de la Reina se alivió una situación casi dramática, procurando un caudal diario de catorce cuartillos por habitante. Pero ese agua no llegaba a los suburbios y entonces los aguadores tuvieron que multiplicar su trabajo. A cambio del agua cobraban algunos céntimos o bien recibían ropas usadas que luego cambiaban por aceite a los traperos de San Isidro.

Los veranos de Madrid eran especialmente severos. El verano de 1879 los termómetros alcanzaron los 40 grados a la sombra y se secaron las fuentes de Madrid, todas salvo una, la de la plaza de la Cebada. Dejó de manar agua la de San Antonio, que tenía ocho caños y la de Segovia sólo dejaba correr un pequeño hilillo.

Años antes se había solucionado parte del problema de abastecimiento de agua a Madrid. En 1858 se inauguraba la traída del río Lozoya a través del Canal de Isabel II. Se acababan las colas ante las fuentes públicas y el oficio de aguador entraba en un declive imparable.

Se cuenta un suceso que ocurrió a finales del siglo XIX y que tuvo como protagonista a un hombre que ejercía el oficio de acarrear el agua. Parece ser que era día de alarma porque algún acontecimiento importante estaba anunciado, quizá el paso de la comitiva real por la Puerta del Sol. Uno de los centinelas apostados en una de las esquinas de la plaza disparó un tiro contra un aguador que pasaba con su cuba al hombro dejándole muerto en el instante. Cuando se le pidió explicación al centinela no supo dar otra que ésta:

—Yo cumplo con mi obligación; a mí me han puesto aquí para evitar desgracias.

Fue el último viaje del aguador a la fuente de la Mariblanca.

Parece que fue en tiempos de Felipe IV cuando la Villa tuvo el mayor número de aguadores que ejercían el oficio reconocidos como tales. Eran un total de 950, y no sólo llevaban el agua hasta las casas sino que también se ofrecían para llevar encargos, hacer recados y colaborar con los bomberos en los casos de incendios.

La decadencia del oficio empieza con la llegada de agua desde el río Lozoya a la capital de España. Ocurre el 24 de junio de 1858, y el canal, el largo canal proveedor del agua, llevaría el nombre de la reina Isabel II. Por aquel entonces los aguadores recibían un salario no superior a las tres pesetas diarias, pero como el concejo había limitado el número de personas dedicadas a este menester, la plaza de aguador era altamente cotizada y la licencia para ejercer el oficio costaba nada más y nada menos que 1.500 pesetas.

A pesar de que el Canal de Isabel II servía el agua por todo Madrid y que la red de distribución era un hecho innegable, había zonas de la ciudad, los suburbios, donde el agua todavía no había hecho su entrada y los aguadores seguían llegando con sus cubas cada mañana. Hacían el reparto por las casas, puerta por puerta, y cobraban a diez céntimos —estamos ya en el Madrid de 1920— la cuba.

Hasta los años setenta de este siglo todavía algunas zonas de Madrid eran abastecidas ambulantemente, aunque en camiones cisterna dispuestos por el Ayuntamiento. Los últimos aguadores pasaron a ser «botijeros», portadores del agua fresquita que en sus botijos de barro llevaban hasta las puertas de los cines, de la plaza de toros o de los campos de fútbol, un trago de agua fresca a cambio de la voluntad.

En el verano de 1974 me encuentro con uno de estos últimos aguadores de botijo. Es una mañana sofocante del mes de agosto, mañana dominguera en el Rastro siempre bullicioso a pesar de la canícula. En la plaza de Cascorro hay un hombre metido en años, circunspecto. Se llama Elías Jiménez y custodia a su lado dos voluminosos botijos blancos, algo renegridos por el uso. Le pregunto si todavía el de aguador es un negocio que merezca la pena. Me mira fijamente, como sorprendido. Después responde convencido:

—Sí, señor, claro. Entre el polvo, el calor y el gentío

que hay en el Rastro los domingos, la sed se hace frecuente, y cuando hay sed, nada mejor para quitarla que el agua.

—Pero, por aquí hay fuentes...

—Sí, claro, pero yo se la ofrezco muy fresca y no les cobro nada.

—Así que usted trabaja por amor al arte.

—Que se ha creído usted eso, pollo. Pido a cambio la voluntad.

—¿Y la voluntad es generosa?

—Depende. Unos me dan una peseta, otros dos, y muy pocos un duro. Por lo menos cien personas beben al cabo del día. Hay algunos carotas que no te dejan nada, se pegan el trago y se largan por las buenas.

—¿Usted niega el agua a alguien?

—No, señor, a nadie. Llevo veinticinco años en esto y jamás he negado a nadie un trago de agua. Unas veces vengo al Rastro, otras al Retiro y por la feria de San Isidro me voy a la puerta de la plaza de toros.

—Algún secreto debe haber para que el agua se mantenga fresca con estos calores que recorren el Rastro...

—Perdone, pero no se lo voy a decir. Es un secreto, y ese secreto está en el botijo, en saber curarlo y mantenerlo. Por mucho calor que haga el agua de estos botijos estará siempre fresca.

—Al menos se podrá saber de dónde coge usted el agua.

—Eso no es ningún secreto. De las muchas fuentes que hay por todo el barrio de Embajadores, pero hay una, que no le voy a decir cual es, que da el agua más fresca de todas.

Y a fe que el agua de esos botijos panzudos y pesados está fresca pese a que en esta mañana de Rastro el sol no se apea de los 38 grados.

... Y TAMBIÉN LAS AGUADORAS, LOS AZUCARILLOS Y EL AGUARDIENTE

Junto a los aguadores que acarreaban el «producto» desde las fuentes hasta los barrios más necesitados, estaban las aguadoras, personajes de zarzuela, elemento imprescindible en la raigambre más castiza, figuras de ese decorado verbenero y chulapón, siempre con sus botijos de agua fresca para redimir la sed en aquellos puntos donde las fuentes no estaban cercanas: «¡Agua, quién quiere agua! ¡Agua fresquita como la nieve!» Pregones tradicionales de aquel Madrid que voceaba la mercancía en tiempos donde la publicidad no había alcanzado medios más modernos y sugestivos.

Y ese agua se endulzaba frecuentemente con un azucarillo y un poquito de aguardiente hasta convertirla en algo más que en un trago refrescante, para convertirla en una bebida típica de Madrid.

Llegaron a constituir un gremio e incluso dispusieron de ellas que habían de ir uniformadas: mandiles de blanco inmaculado, manguitos en los brazos atados con cintas a las muñecas y el pelo recogido con moño atrás.

Se convirtieron en tipos populares. Unas vendían el producto ambulantemente y otras en puestos o quioscos. La escena madrileña recuerda personajes como la Regina, del sainete «El Ángel Caído». Dice la Regina:

¡Agua, azucarillos
y aguardiente! ¡El agua!
Y dicen esos pillos
que todas somos malas;
que somos unas perras;
¡maldita sea su estampa!
Cualquiera de nosotras

se acuesta y se levanta
con mucha más vergüenza
que el hombre que más valga.
¡Agua, azucarillo,
y aguardiente! ¡El agua!

Y las aguadoras aparecen en zarzuelas como «El padrino del nene», de Julián Romea o en «Agua, azucarillos y aguardiente», estrenada en el teatro Apolo de Madrid el 23 de junio de 1897, con la Manuela como aguadora que entabla querella con otra mujer del oficio, la Pepa, dando lugar a divertidas situaciones y a un escenario sainetesco de lo mejor del género chico:

Manuela: ¡Agua, aguardiente,
azucarillos, agua!
Pepa: ¡Ya está la Manuela;
si vuelve a insultarme,
aunque hay aquí gente
yo no he de aguantarme!
¿Tú vienes sin duda
buscando cuestión?
Pues no tengo ganas
de conversación.
Manuela: Pues yo sí la tengo
y me has de escuchar,
que vengo esta noche
con ganas de hablar.

No se trata ni más ni menos que de la discusión que terminaría con agarrada de pelos de una vendedora ambulante (la Manuela) y de otra con puesto fijo (La Pepa) en el paseo de Recoletos. Pero el litigio no era sólo por cuestión de competencias en la venta del agua, sino que se mezclaban amores, hombres de por medio. Era el Madrid del agonizante siglo XIX.

Conocí a una de esas viejas aguadoras, quizá uno de los últimos personajes de zarzuela. Vivía en Vallecas, en la calle del Doctor Lozano. Se llamaba Libertad. Pequeña, encorvada, con el pelo blanco y malas pulgas. Ella misma decía ser bruja, un ser que se había reencarnado, que en su vida anterior había sido marquesa y tuvo un comportamiento hostil con los pobres, por lo que fue reencarnada en una mujer pobre que se ganaba la vida con un puesto de pipas y un botijo, su inseparable botijo por el que cobraba cinco céntimos el trago antes de que el parroquiano lo tomara, «por si acaso se va sin pagar». Dicen que la Libertad, que en realidad tenía como nombre de pila el de Esperanza, murió al lado de su botijo, del que acababa de echar un trago y al poco dio su último suspiro.

Madrid se quedó sin aguadores, como se ha quedado sin tantas otras cosas:

En la calle de Toledo
se ha perdido un aguador;
lo llevaba una señora
debajo del polisón.

AQUELLOS FAROLEROS DE LA PÉRTIGA Y EL SAINETE MÁS ENTRAÑABLE

«Farolero tú que vas
un poquito alumbrao
deja el siguiente farol
apagao»

Año de 1717. El rey Felipe V firma un bando junto al entonces corregidor de la Villa y Corte, don Francisco Antonio Salcedo, marqués de Vadillo, sobre el alumbrado. En él se ordena a todos los vecinos sin excepción que fijen faroles en las fachadas de sus casas desde el atardecer a la amanecida. Los faroles deberían estar separados de la pared al menos una vara y no más lejos de cien pasos el uno del otro. Con ello se quería impedir el bandidaje que en la nocturnidad actuaba con más alevosía y que estaba siendo un mal endémico, capaz de asustar no sólo a los moradores de la villa sino a quienes llegaban con el ánimo de comerciar, impartir cultura, desplegar bellas artes o simplemente ser forastero visitador de Madrid. Una de las formas de acabar con ese bandidaje era que los malhechores amparados en la clandestinidad de la noche dejaran de tener en la oscuridad su principal aliada. Madrid seguía siendo una ciudad sucia, pero quería dejar de ser una ciudad a oscuras para convertirse en una villa con calles donde la débil luz de los faroles daba origen a un cortejo de sombras chinescas que se doblaban al traspasar la esquina.

Después llegarían los faroles de gas y sus faroleros, preludio de los otros faroles de luz eléctrica que jubilaron para siempre a estos personajes populares, llenos de nostalgia, taciturnos, con su bata gris y su gorrilla, con la pértiga de remate incandescente.

Hasta la llegada del gas los faroles de Madrid se apañaron como pudieron para proyectar un haz de luz en las tinieblas de calles y callejas, para liberar de la oscuridad viejas plazas. En los faroles se emplearon los «combustibles» más variados, desde el aceite hasta los leños resinosos bañados en pez, pasando por grasas y betunes.

Los madrileños parece que no fueron muy obedientes con aquel bando de 1717 y en 1768 el entonces corregidor Francisco Herrera, tuvo que reiterar la orden, poner advertencia de castigo a quien la incumpliera. Los madrileños, por lo general rebeldes a las nuevas modas que se dictan desde el Concejo, no ponen buena cara a esa idea de iluminar la ciudad, sobre todo porque se obliga a los dueños de las casas a correr con los gastos de poner, reponer y mantener dichos faroles. Y los madrileños pegan pasquines por las fachadas quejándose de tal orden:

> «No se puede negar a su Alteza que se parece al Rey de Francia, en la Providencia de haber llenado la Corte de faroles.»

> «La Corte no puede hacer este gasto sino gastándolo de la comida, cosa inútil porque los faroles no alumbran más que picardías y obscenidades.»

> «Para encender estas luces hay que apagar las de las chimeneas y dejar las cenas en claro.»

A partir de ese momento no cesa la tarea del Consejo de recordar periódicamente a los madrileños la necesidad de cumplir con lo establecido en materia de alumbrado y además advierte reiteradamente que serán multados los que desoyesen esas órdenes y no tuvieran faroles o los dejaran apagados desde el atardecer a la amanecida.

Pero ni los madrileños fueron celosos guardianes de las costumbres dictadas ni los corregidores pusieron especial empeño en castigar los incumplimientos. Las multas, establecidas en diez ducados para quienes no instalaran los faroles y en cuatro para quienes teniéndolos no los encendieran, surtieron poco efecto. La desobediencia era casi generalizada, preferían mantener la costumbre de llevar faroles portátiles para transitar por las oscuras y sórdidas calles de la Villa y apagarlos llegados a casa, con la intención de hacer gasto en beneficio propio y no mantener la luz para provecho de todos cuantos pasaran por las calles.

Tuvo que llegar el «mejor alcalde de Madrid», Carlos III, para que la Villa abandonara viejos vicios y comenzara un plan de saneamiento tanto en el orden higiénico como en el de las costumbres y el ornato callejero.

El 15 de octubre de 1765 Madrid estrena su nuevo alumbrado público. El 25 de septiembre Carlos III dicta una Real Orden que comienza así: «He resuelto libertar al vecindario del cuidado de encender, limpiar y conservar los faroles y a los poseedores de casas en Madrid de la contingencia y gastos de reponerlos, creando para ello un Director de esta Policía, para que con los precisos dependientes y operarios que establezca, rija en todo lo gubernativo y económico con inmediata sujeción a mi primer Secretario de Estado.»

En la Real Orden se establecen los precios del servicio, multas a quienes obstaculizasen o atropellasen a los operarios y dependientes al tiempo de encender, limpiar o celar los faroles, multas también a quienes hurten, rompan o maltraten esos faroles. «La luz ha de durar en los referidos seis meses —de enero a abril— desde el anochecer hasta las doce y se han de limpiar los faroles todos los días; pero que en las seis noches de luna clara de cada mes, por no contemplarse del caso, no se encenderán.»

Se hace constar que los faroles han de ser cristalinos y con luz de velas. Nacen los primeros faroleros, también reconocidos en la Real Orden firmada por el rey en la Granja de San Ildefonso: «Los dependientes de esta policía, los rondas de Justicia y patrullas de la tropa deberán celar la nueva iluminación, y podrá cualquiera del pueblo denunciar ante el Director las faltas que advirtiere en los operarios que han de cuidarla, y se les gratificará con 24 reales, los cuales se exigirán del culpado una vez que se verifique el descuido.»

Pedro Stuart y Colón, marqués de San Leonardo, escribe a su hermano que vive en París, y le habla del alumbrado de Madrid: «El día de Santa Teresa empezó la iluminación de Madrid; me ha costado gotas de sangre y estoy aguantando mil murmuraciones injustas; no la he visto, pero dicen los hombres de juicio y desapasionados, es magnífica, clarísima y muy bien ordenada; tiene algunos defectillos que se enmendarán y la torpeza de los encendedores —los faroleros— hasta que estén hechos, y, sobre todo, tiene la excelencia de haber costado su establecimiento cerca de 900.000 reales de vellón y de costar el anual mantenimiento de esta policía más de 40.000 ducados sin haber impuesto nada a los vecinos y con sólo el que cada casa nos dé el valor de la parrilla de aceite y del algodón correspondiente que por orden gastaba cada casero en los seis meses de invierno, haremos el gasto anual y nos pagaremos de la anticipación libertando de ahora al vecindario desde luego del trabajo o cuidado y gasto de encender cada uno su farol, de comprar el que se rompa y la multa si se descuidaba en encenderlo.»

Madrid dispone entonces de 4.408 faroles. Se encienden con escalera, ya que se hayan a doce pies de altura y vuelan vara y media de la pared. Arden con velas de sebo. Ciento cincuenta y dos faroleros se dedican al menester de ir encendiéndolos, a razón de 23 faroles por operario. Los faroles fueron sustituidos años más tarde por otros con depósito de aceite y torcida de algodón.

Cuando en el año 1797 se crea el cuerpo de serenos se les encomienda a éstos las labores del encendido del alumbrado público. En el año 1819 el cuerpo de serenos pasa de tener cien miembros a disponer de 150, de los cuales 115 son al mismo tiempo mozos de alumbrado. El sueldo establecido para los mozos de alumbrado era de tres reales diarios y corría de su cuenta la mecha.

Los faroleros protagonizaron su primera gran protesta laboral en 1813. Reclamaban sus atrasos, así como castigo severo para quiénes les atacaban, pues en horas nocturnas ya eran víctimas de la inseguridad ciudadana de entonces. En protesta desatendieron el servicio y esto, como no había ley de huelga, les acarreó cárcel y la plantilla se redujo a 58 mozos como consecuencia de la represión ejercida contra los huelguistas. Pero la protesta no fue baldía y después de la tempestad consiguieron que les subieran el sueldo a cinco reales diarios. Trece años más tarde alcanzarían la categoría de jornaleros con derecho a cobrar un sueldo semanal que se establecía en quince reales diarios.

La Puerta del Sol, lugar de encuentro

Antes de que la noche cayera sobre Madrid se citaban en la Puerta del Sol los celadores del encendido con los mozos. Los primeros entregaban a los segundos aceite, escalera, torcidas, cesta para llevar la aceitera y paños para limpiar los faroles. Comenzaba la tarea diaria de apoyar la escalera sobre el farol, limpiar los cristales y después encender las torcidas de los más de 5.000 faroles dispuestos por calles y plazas de la Villa.

A partir de 1868 empiezan a funcionar faroles alimentados con petróleo, aunque se mantiene el uso del aceite hasta el año 1912.

Desde el año 1832 el Ayuntamiento de la Villa y Corte estaba interesado en introducir el gas como combustible en el alumbrado público. Y en ese año se hace el primer ensayo. Tres años después el cronista Mesonero Romanos pedía la reforma del alumbrado porque los 4.770 faroles existentes no eran suficientes para que la ciudad quedara perfectamente alumbrada en horas nocturnas.

En el año 1847 se llevan a cabo nuevos ensayos, encendiéndose con gas los faroles del Salón del Prado, calle del Prado y Lobo. El 14 de agosto de 1849 se firma un contrato entre el Ayuntamiento y la Empresa Madrileña por el que se establece la prestación del servicio de gas por un tiempo de veinticinco años. La compañía cobrará siete maravedíes por hora y por farol de gas, siendo de seis el coste de los alimentados por aceite. A partir de ese momento el gas iría sustituyendo paulatinamente el aceite en los faroles.

La primera contienda europea causa estragos en el suministro de gas. La escasez de carbón hace que no se pueda fabricar el gas y Madrid queda prácticamente a oscuras. El 14 de septiembre de 1917, el entonces alcalde de la Villa, Prado Palacio, rescinde el contrato con la empresa del gas e incauta la fábrica. El 12 de agosto de 1922 el Ayuntamiento firma un contrato de prestación de servicio con la nueva empresa Gas Madrid, S. A., en el que se incluye la incorporación del alumbrado eléctrico a la red de alumbrado público de Madrid. La electricidad va acabando con los nostálgicos faroles de gas y, en consecuencia, con la figura sainetesca de los faroleros. La electricidad ya había sido probada en diversos puntos de Madrid desde 1881, aunque antes, en 1852, en el mes de enero, se había hecho la primera prueba en el Palacio Real con la siguiente crítica en los periódicos: «El aparato de la luz eléctrica estaba colocado sobre el tejado de la Armería y prestaba una luz clara y hermosa, superior en mucho a la del gas; en tal conformidad que se distinguían hasta los menores objetos colocados a la mayor altura.» El primer alumbrado público por electricidad se inauguraba el 24 de enero de 1878. Escenario: la Puerta del Sol. Motivo: iluminar la boda del rey Alfonso XII con su prima María de las Mercedes.

Parece ser que los faroleros, los últimos faroleros, tenían un grave defecto: llegar tarde al encendido de los faroles y esto le causaba a la empresa del gas un importante número de multas por parte del Concejo. Rescatamos un sabroso comentario de Ossorio y Bernard:

«Un diligente funcionario de la fábrica de gas, iba delante de mí apagando los faroles del alumbrado público, no atreviéndose sin duda a que los adelantos de la civilización compitieran con la clara luz del sol. La precipitación de aquel individuo era, no obstante, injustificada: la espesa niebla que me refrescaba el rostro, permitía suponer que la oscuridad seguiría dominando todavía durante más de una hora.» Y es que también era multada la compañía si los faroles se apagaban antes de la hora establecida por contrato.

Los faroleros desaparecen en el año 1930 cuando el Ayuntamiento toma la decisión y el acuerdo de gastar un millón de pesetas en la compra de 14.000 encendedores automáticos. La tecnología ha acabado con la mano del hombre. Los faroleros cuelgan sus levitas, sus guantes, sus gorras y la pértiga con remate incandescente:

Soy el farolero
de la Puerta el Sol;
cojo mi escalera
y enciendo el farol.
Después de encendido
me pongo a contar,
y siempre me sale
la cuenta cabal.

Antes de la desaparición definitiva de los faroleros uno se convierte en noticia, su nombre sale en los periódicos. La noticia dice así: «En la calle Siro Abad, de Carabanchel, ha nacido un niño con veinticuatro dedos, seis en cada mano y pies. Se le ha puesto por nombre Santiago y es el quinto hijo de Santiaga Esteban y Pedro Vidal, farolero éste en el paseo del Cisne.»

TRANVIARIOS, LA HISTORIA DEL ROMANTICISMO EN EL TRANSPORTE URBANO

El 10 de junio de 1972 hacían su recorrido los últimos tranvías de las líneas 77 y 70. A partir de entonces los raíles, sonido metálico del Madrid perdido, quedarían ocultos por el asfalto o arrancados de la piel urbana. Los viejos tendidos eléctricos ya no encenderían la atmósfera de Madrid con chispas, y el viejo tranviario, el último tranviario, con su bolsa de cuero portando la última recaudación, guardando los últimos billetes de papel fino como el de fumar y color azulado, enfiló el camino de la cochera para entregar no sólo la recaudación del día sino el último testigo de una vieja profesión que había tocado a su fin ciento veintiún años después de que naciera como símbolo de los adelantos que esperaban a Madrid en el siglo XX.

El 1 de junio de 1871 se inaugura el primer tranvía. Circula sobre raíles y va tirado cada uno por tres briosos corceles. Los coches, de dos pisos, tienen capacidad para cuarenta viajeros, y escalera exterior para subir a la terraza descubierta del vagón. El primer servicio es barrio de Salamanca-barrio de Pozas, un recorrido de siete kilómetros en el que se invierte un tiempo que causa la admiración de los ciudadanos:

—¿Ha probado a ir en tranvía? Es un invento fantástico. Figúrese que puede ir desde el barrio de Salamanca hasta el de Pozas en tan sólo media hora.

—¿Y está probada su comodidad?

—Absolutamente, don Roque. Es tan cómodo como viajar en berlina, pero mucho más seguro.

—¿Cómo podéis afirmar eso?

—El tranvía discurre sobre raíles y caso de que los animales dieran en desbocarse es del todo improbable que también se desboque el tranvía, por lo que la seguridad para el viajero es total.

—Lo que no me place en absoluto es que junto a la bandera española ondease la inglesa el día que se inauguraron.

—Cosas de la explotación, don Roque. Ha de saber usted que nuestro Ayuntamiento exigía para poner en marcha este servicio que la compañía que decidiera prestarlo habría de pagar al Concejo 0,024 céntimos por persona y kilómetro y otras 350 pesetas al año por cada kilómetro de tendido, y sola una compañía inglesa ha podido aceptar tales condiciones.

La inauguración de este nuevo sistema de transporte en la capital de España constituyó un acto de singular relieve. Para celebrar el acontecimiento Lhardy ofreció un espléndido almuerzo en el mismo local construido para guardar los tranvías. En los postres el señor González Villarino, abogado de la empresa del tranvía, agradeció al marqués de Salamanca su empeño por dotar a Madrid de tan avanzado y confortable sistema de transporte público.

El nuevo servicio comenzaba con 24 coches y 120 caballos. De la confortabilidad que encontraba el viajero habla el hecho de que los tranvías dispusieran de modernos asientos y ventanillas individuales. En la parte delantera, de pie, iba el conductor y en la jardinera de la parte posterior, el cobrador.

Tres años después de la puesta en servicio del tranvía se produce la primera ampliación al inaugurarse la línea plaza Mayor-Carabancheles. Pronto este medio de transporte se convirtió en todo un símbolo y en una referencia social. Era el tranvía como una pequeña fauna donde cabían todas las especies: desde el carterista diestro en aprovechar los frenazos y arrancadas hasta el literato que encontraba un auténtico filón costumbrista viajando de este modo, pasando por los obreros, comerciantes, golfillos que se subían a la jardinera, menesterosos que se colaban esquivando la mirada siempre atenta del tranviario-cobrador e incluso fulanas que en el tranvía hacían clientes.

Alguien comentó en los mentideros que para ser tranviario había que tener una madera especial de aguante ante las avalanchas humanas y los perfumes diversos que destilaban los viajeros y algunas condiciones específicas: muchos ojos para cobrar, estar al tanto de las operaciones de subida y bajada de los usuarios, fuerza para tirar cientos de veces al día del cordel que hacía sonar la campanita y con ello la señal de arrancada y destreza para no atropellar a cuanto distraído, torpe o imprudente cruzaba los raíles o circulaba por ellos.

Al margen de conducir uno y de cobrar el otro, tenían otras obligaciones: vigilar para que los pillos no se colaran sin sacar el billete, observar que los golfillos no iban encaramados a los topes y apearse para colocar el trole, la pértiga de enganche, cuando ésta se desmadraba del cable.

Algunas líneas eran especialmente conflictivas y los

tranviarios que en ellas trabajaban lo hacían en condiciones más penosas de lo normal. Una de las líneas malditas era la 3, que salía de la Puerta del Sol y cuyos tranvías iban siempre a rebosar, tanto que eran tomados al asalto por los viajeros y en ese punto comenzaba la algarabía de empujones, peleas, codazos, pellizcos en el trasero de alguna señorita por parte de algún aprovechado, pisotones e insultos.

Y en medio de este tumulto quienes salían ganando eran los expertos en distraer carteras y los que se quedaban en los topes con la excusa de no encontrar espacio dentro y no pagaban el billete, aunque asumían un riesgo grande que en ocasiones se tornó en accidentes, alguno de ellos mortales, al caer desde los topes y ser arrollados por el propio tranvía.

Los más temidos por los tranviarios, que asistían confusos y contrariados al espectáculo del empujón, eran los carteristas, pues no sólo provocaban el «pánico» sino que en ocasiones y en un descuido volaban con la recaudación del cobrador:

En los tranvías,
y donde se haya ocasión,
damos funciones gratuitas
de prestidigitación...
No hay portamonedas
que seguro esté
cuando cerca andamos
uno de los tres.

En el primer día del comienzo del siglo y según contaba el entrañable y desgraciadamente desaparecido cronista de Madrid, Juan Sampelayo, un colega de la prensa publicaba que en los tranvías de la línea Montera-

Norte «se armaban unos jaleos de los de órdago a la grande, digamos utilizando un término del mus. Jaleos con nocturnidad, ya que cuando viajaban muchas gentes la compañía no ponía más coches porque no cabían en la calle de la Montera. El caso era que a cualquier hora se dejaba ir en los coches a un número ilimitado de viajeros, tan sólo por las noches los justos y sentados, amén de algunos pocos —de apreturas con pellizcos y raterías nada— en las plataformas».

Sigue contando el cronista que la gente con frecuencia la armaba y los conductores no iniciaban la marcha hasta que los alborotadores no se apearan, «y si en la de Montera había gritos, en los Cuatro Caminos palos y hasta puñaladas. Si las autoridades no lo remedian algún día ocurrirá una catástrofe».

Ramón Gómez de la Serna se refiere también a esa algarabía, a esa batalla, violenta a veces, que se libra por coger plaza en el tranvía. Lo observa en la Puerta del Sol: «Se ve que las jardineras de los tranvías se parecen cada vez más a los "ripers" del pueblo, en vez de parecerse menos. Es la hora de la lucha por los tranvías, que es terrible y dura como la lucha por la vida... Parte a veces muy cargado el último tranvía, cuyas ruedas se deforman con el peso. Los sábados, sobre todo, este último tranvía es el tranvía más típico y hace más pronunciadas las eses de las curvas y va tambaleándose porque es el tranvía de los borrachos, borrachos que discuten con el cobrador, que parece que van a caerse, pero que en medio de todo gastan cierta formalidad y sacan sus diez céntimos cabales en vez de las dos pesetas, que debían dar en vez de los diez céntimos.»

Encontramos también una referencia en parecido sentido de un tal Ochoa que editó un libro en París y en el que se quejaba de que los cobradores de los tranvías exhibieran malos modales y pidieran el dinero a los usuarios con severidad y tono agrio: «¡Señores! ¡A aflojar la mosca!»

Antes de que termine el siglo desaparecen aquellos románticos tranvías tirados por caballos cuyos tranviarios no eran otra cosa que cocheros que sujetaban las riendas de los animales y les exigían máximo esfuerzo cuando el itinerario de los raíles discurría por calles empinadas.

La «comercialización» de la nueva fuente de energía llamada luz eléctrica le llegó al transporte público en Madrid y en el año de 1899 se inaugura el primer tranvía eléctrico en la línea Puerta del Sol-barrio de Salamanca. Atrás irían quedando los viejos modelos de «pura sangre», aquellos otros con románticas jardineras que eran la colina conquistada cada mañana por los golfillos, o los más modernos, todavía sin puertas, auténticas fábricas de constipados en los meses invernales, donde el conductor y el cobrador tenían que ir abrigados con chaquetones de paño grueso cuyas solapas elevaban a lo más alto de su cara y se embozaban en toscas pero redentoras bufandas de lana, mientras las manos se les amorataban por ese frío que no encontraba obstáculo a la hora de entrar y salir por todas las aberturas del tranvía.

El 25 de abril de 1901 los trabajadores del sector acuerdan convocar la primera huelga de tranviarios. El origen del conflicto es el despido de un trabajador, el cobrador Escudero, al que se echa de la empresa por representar a los trabajadores en el contencioso que mantienen con la patronal por las malas condiciones en que desarrollan su actividad. Se quejan de la jornada laboral, que es de once horas con sólo 35 minutos para comer y dos días de fiesta al mes. También reivindican que se cumplan las promesas hechas por la empresa a los trabajadores: subida salarial a los mozos de cuadra, lavacoches y limpiavías, así como paga de medio sueldo durante la convalecencia de los accidentes laborales.

Escudero, el trabajador despedido, es el presidente de la Sociedad de los Obreros de Tranvías. Los tranviarios celebran su asamblea en los locales del teatro Eldorado. Allí acuerdan la convocatoria de la huelga, aunque Escudero les pide que «no atenten contra personas ni cosas», se recomienda tranquilidad y discreción y que todos vuelvan en paz a sus casas.

Hasta el año 1930 los tranviarios no conseguirían un salario considerado «digno»: cobradores y conductores llegan a percibir ocho pesetas diarias y un complemento por años de servicio. Dos reales menos cobran los guardagujas y limpiavías, que siguen siendo considerados como categoría «ínfima».

Los trabajadores vuelven a protestar, pues entienden que pese a que los salarios se han ido dignificando, el año anterior, 1925, la Compañía Madrileña de Tranvías ha tenido un beneficio de 8.400.000 pesetas, cuando el billete cuesta sólo diez céntimos.

En 1920 se habían fusionado cinco de las seis compañías de tranvías y ello había dado lugar al nacimiento de la Sociedad Madrileña de Tranvías que en 1948 pasa a convertirse en la Empresa Municipal de Transportes cuando los tranvías tienen que convivir ya con los trolebuses y autobuses.

Durante los años veinte hubo un «tranvía de vapor» que cubría el trayecto Madrid-El Pardo, y el coste del billete oscilaba entre los diez y los cuarenta céntimos en función del trayecto recorrido.

El tranvía alcanzó un protagonismo singular en el transporte público madrileño en los años cuarenta ya que la falta de combustible por culpa de la guerra impidió que durante varios años los autobuses pudieran funcionar y el tranvía se convirtió junto al Metro en el único medio de transporte colectivo.

LOS ACCIDENTES DE TRANVÍA

Aunque el tranvía siempre fue considerado un medio de transporte seguro, también es cierto que ha sido protagonista de algunos accidentes espectaculares a lo largo de sus cien años de historia. En junio de 1912 un tranvía baja la cuesta de la calle Argensola. De pronto se escucha un escalofriante chirrido. El tranvía con jardinera se precipita sin que los frenos respondan hasta estrellarse espectacularmente contra el chaflán de las calles de Barquillo y Belén. Una persona muerta y seis heridas de gravedad es el balance de este accidente que conmueve a la capital.

Año de 1950. En el cruce de la calle Segovia con el Paseo Imperial, junto al parque de bomberos, se produce una colisión entre dos tranvías. Como resultado del accidente quedan heridas 27 personas, cuatro de ellas de carácter grave. Dos años más tarde, un nuevo accidente de tranvía vuelve a convulsionar a la opinión pública madrileña. En el puente de Toledo un tranvía descarrila y se precipita al lecho del río Manzanares. Es la mayor catástrofe en la historia de este medio de transporte: 15 personas mueren en el accidente y 112 resultan heridas de diversa consideración. Durante varios meses queda suspendido el servicio de tranvías por este puente.

Como si el destino fuera caprichoso y estableciera ciclos de dos años en los accidentes de tranvía, en 1954, el 27 de abril, a un tranvía que circula por la Cuesta de San Vicente se le agarrotan los frenos. El conductor se baja con la intención de desbloquearlos. Lo consigue, y el convoy se desliza imparable por la Cuesta hasta colisionar bruscamente. Treinta y dos personas resultan heridas.

Siempre he sentido una atracción personal por el tranvía y por el tranviario. Me fascinaba la figura del conductor en punta de cabina; envidiaba su privilegiada situación de ir rompiendo las distancias, de ir «comiéndose» raíles, porque me parecía que el tranvía lo que realmente hacía era «comerse» los raíles bajo una panza que presumía oscura e infinita.

Cada vez que subía a un tranvía acompañado de mi padre o de mi madre, me enfrascaba en la tarea, a veces ardua y otras estéril, de ir tirando del brazo de mi protector arrancándole poco a poco los pasos para acercarme hasta esa frontera de mis sueños infantiles que era la pequeña mampara que separaba a mi «dios» conductor del resto de los pasajeros. Entonces pegaba mi nariz al cristal, estudiaba los movimientos del tranviario uno por uno sin llegar a comprender nunca el sentido de los movimientos de su empuñadura, sin comprender cómo podía trazar curvas sin utilizar ningún volante. Retenía gestos y ademanes, porque luego, en casa, con una silla como frente, una banqueta y un molinillo de café jugaba a ser tranviario, y jamás fallé en frenazos y arrancadas, y nunca me pasé de largo en ninguna de las paradas que había entre la calle Melquiades Bienciento —que es donde nacía y moría la línea en el Puente de Vallecas— y Atocha. Eso sí, cuando mi tranvía llegaba cerca del muro de la estación, la parada se prolongaba en el tiempo para deleitarse en el trajín de los mozos, las maletas, los vapores que se escapaban de la cubierta de la estación y el trasiego de gentes que simulaban a un hormiguero descompuesto. Y cuando con mi silla y mi banqueta surcaba los raíles del tranvía, siempre bajaba la velocidad del molinillo al pasar por ese punto de la tapia de la estación de Atocha, porque mi abuelo me contó muchas veces que antaño un tranvía descarriló, rompió la valla y se precipitó al vacío, causando la muerte de varias personas.

Siempre jugaba a ser tranviario-conductor y nunca a tranviario-cobrador. Este último me parecía simplemente un ayudante, el aprendiz que empieza despachando billetes porque quiere llegar algún día a conducir el tranvía, un permanente opositor a una plaza deseada. Y resultaba luego que las cosas no debían ser así porque generalmente los cobradores eran tranviarios más viejos que los conductores y acababan jubilándose sin haber conducido nunca ese mastodonte de hierro, tan fuerte que nunca ha habido otro más rentable para explotar, ya que si la vida media de un autobús está cifrada en diez años, la de un tranvía llegó a ser de cincuenta años, y ya me contarán qué artefacto de transporte puede garantizar a su comprador hoy cincuenta años de vida, de rendimiento, de trabajo.

La lenta pero irreversible desaparición de los tranvías movió tantos sentimientos como su estampa costumbrista. Y fueron muchos los que perdieron sueños y recuerdos con los últimos tranvías. Uno de ellos, ilustre viajero, fue el escritor y periodista Juan Antonio Cabezas que escribe en ABC sobre la desaparición de los tranvías en Cuatro Caminos y dice frases tan bellas como éstas: «Es una víctima del progreso y no hay más que hablar. Su velocidad ya no es la de este tiempo. En fin, aunque uno no puede considerarse pariente de un tranvía, sí es capaz de afecto hacia estos artefactos que desempeñaron una función tan ligada a nuestros afanes vitales (trabajo, estudio, amor, diversión, alegría, amargura). A fuerza de ir y venir, estos vehículos urbanos llegan a humanizarse, a ser como una parte de nuestra propia Naturaleza.» «...Cada año (el tranvía) perdía nuevas posiciones, nuevas calles céntricas. Acosado por más camiones, más autobuses, más turismos, el lento tranvía que, en vano alza la cola de hierro de su popular trole, era expulsado de nuevos reductos. Un día se le vio salir de los Bulevares, que habían sido su orgullo urbano de principios de siglo. La cosa no tenía remedio.»

EL ÚLTIMO TRANVIARIO

El diez de junio de 1972 los tranvías hacían su último recorrido. Dos fueron los argumentos municipales para jubilar a este medio de transporte tan ligado al costumbrismo madrileño: las dificultades que planteaban al resto de la circulación y el ruido que producían. El futuro era de los autobuses, rápidos, flexibles y, sobre todo, enemigos número uno del medio ambiente, chimeneas de veneno para ir quitándole cada vez un poquito la salud al aire de Madrid.

En el año 1985, trece años después de la desaparición del tranvía, el Ayuntamiento se planteó la posibilidad de rescatar este medio de transporte e instalarlo en itinerarios que no entorpecieran al resto de la circulación. El objetivo era recuperar una estampa romántica para Madrid. Era un objetivo demasiado caro, demasiado utópico, y se archivó en el cajón de las ideas que nunca florecieron.

Antón González fue uno de los últimos tranviarios. Primero fue guardagujas, después cobrador y terminó conquistando la cima al conducir un tranvía. «Desde pequeño soñé con ser tranviario —cuenta—. Jugaba de pequeño a conducir un tranvía. Después ese sueño se hizo realidad. Me ha dado mucha pena que los tranvías hayan desaparecido. Fue como si perdiera algo de mí. Algunos compañeros pasaron a conductores de autobuses o a los talleres de la EMT. Yo no lo hice porque sólo me faltaba un año para jubilarme y decidí anticipar esa jubilación. Me fui con el último tranvía.»

—Pero los tiempos adelantan que es una barbaridad, amigo Antón...

—No sé, no sé. Los tranvías eran más baratos; se circulaba más despacio, pero más seguro. El tranvía siempre tenía preferencia, no se le podía dificultar la circulación, tenía su propio camino trazado.

A fuerza de hacer siempre el mismo recorrido, se acababa conociendo a los viajeros, y aunque estaba prohibido hablar con el conductor, de vez en cuando se violaba el mandato y se contaban cosas de los chicos, del trabajo, de las enfermedades, y hasta cuando el trole se descolgaba, el viajero se apeaba para echar una mano al tranviario.

—Lo peor —dice Antón— era el calor que se pasaba, sobre todo los conductores que íbamos casi empotrados en la cabina. En el verano, cuando pasábamos cerca de los quioscos, había camareros que nos pasaban por la ventanilla un vaso de agua o un refresco porque íbamos deshidratados. Siempre en las terminales, en las casetas de los guardagujas o de los inspectores había un botijo al que llegábamos como náufragos sedientos.

Poco a poco se fueron levantando o tapando los raíles de las calles, se desguazaron los últimos tranvías y sólo uno quedó como muestra y aula de cultura en la plaza de Carabanchel. Se hicieron astillas las viejas casetas de madera de los guardagujas y se quemaron esos uniformes de paño azul en el invierno y de tela fina en el verano. Y el último tranviario descolgó el trole y se marchó lentamente hasta perderse en el horizonte del olvido.

BARBEROS, SACAMUELAS, SANGRADORES, TRES EN UNO

Los barberos fueron un poco como ese producto de botica que servía para todos los dolores, una especie de bálsamo para aliviar la molestia del cabello largo, la barba crecida o los piojos en muchas etapas de la insalubre historia de Madrid y que conquistaron las cabezas de la mayor parte de los ciudadanos de esta Villa y Corte. Los barberos fueron también sacamuelas y sangradores. Ya en el siglo IX algunos barberos fueron considerados brujos o santos por su habilidad a la hora de extraer las muelas, que para algunos eran raíces plantadas por el diablo para torturar al poseído y a la hora de aplicar las sanguijuelas para sangrar la parte insana del cuerpo atormentado. A veces no era preciso aplicar las sanguijuelas, bastaba con hacer una incisión sobre la zona dolorida y la pérdida de sangre suponía un alivio. El sangrador tenía prohibido cobrar por su trabajo, pero solía ser obsequiado con un par de gallinas.

Con el avance de los siglos, de la ciencia y en especial de la medicina, los barberos fueron dejando de ser sangradores, pero no dejaron su doble oficio de sacamuelas hasta bien entrado el siglo. En las barberías de Madrid uno podía hacerse un servicio completo:

—Don Amadeo, buenos días, ¿qué servicio puedo prestarle?

—Corte de pelo, marcado de patillas, afeitado, salvo el bigote, y también sáqueme esta muela...

—¿La del juicio, don Amadeo?

—Ésa no, caramba, que es lo único que me queda, después de tanto como llevo derrochado. La de al lado.

—¿Le ha producido flemón?

—No, ni siquiera me duele...

—Entonces, ¿para qué extraerla?

—Usted cumpla con lo que le encomiendo, joven. Es moda llevar al menos una muela de oro y si no me quito una de hueso ¿cómo podré instalarme la del vil metal que compré en casa de empeños y que al parecer lució en la dentadura de un hombre de la nobleza?

—¡Ah!... ¿Por dónde empiezo, don Amadeo?

—Primero por la boca, después por el cuello y termine usted en la «azotea».

—¿Colonia?

—De ultramar, nada de a granel.

—Usted manda, don Amadeo.

En las peluquerías de los tiempos de Felipe V existía el peluquero que estaba especializado en preparar y empolvar las pelucas de los guardias de Corps. El empolvamiento se realizaba colocando al individuo una cartulina que le cubría el rostro y después se lanzaba los polvos sobre la peluca. Al peluquero le correspondía también trenzar la coleta de los caballeros y además aplicarle manteca de cerdo perfumada para que el pelo no se enredara. No llevar el pelo lustroso podría acarrear al guardia de Corps una importante sanción, por lo que los peluqueros tenían el trabajo asegurado.

El 31 de mayo de 1790 la Sala de Casa y Corte aprueba las ordenanzas para el gremio de peluqueros, una regulación solicitada por el propio sector ante la gran demanda existente y el oportunismo de algunos falsos peluqueros que ejercían el oficio clandestinamente. Las ordenanzas definen a estos trabajadores como los encargados de «hacer pelucas y peluquines, y poner y rizar el pelo, sea ajeno o propio, existente en la cabeza». Para ejercer la profesión se exigen al menos cinco años de clases teóricas y prácticas, y después superar un duro examen. Dos asignaturas son obligadas a la hora de acceder a la licencia: geometría y dibujo.

Las peluquerías en Madrid alcanzan su apogeo en el siglo XIX. Se convierten en establecimientos típicos en los barrios bajos y en establecimientos de lujo en aquellos barrios pudientes. Las fachadas suelen estar cubiertas de azulejos coloristas, obras de los más afamados maestros de Talavera, y junto a dibujos donde se exhibe la maestría del barbero, se anuncia «higiene y desinfección», «servicio esmerado», «se corta el pelo a señoritas», etc.

Uno de estos ejemplos puede ser el salón de peluquería de la calle del Ave María, en pleno barrio de Lavapiés, cuya fachada es adornada de vistosos azulejos en 1925.

En 1909 se abre la «Gran peluquería Vallejo», en la calle de Santa Isabel, 22. La funda don Basilio Vallejo Abada y ocho años después de su apertura «hay allí faenando veinte hombres y tres aprendices». El negocio fue redondo hasta el punto de que para de alguna manera beneficiar a la clientela, don Basilio estableció bonos para diez servicios al precio de cuatro pesetas para las señoritas, que después contaron con salón independiente, y de dos pesetas para los varones. Cada servicio incluía corte de pelo y afeitado.

Y a esa peluquería acudieron a rasurarse personajes tan notables como Gregorio Marañón, Ramón y Cajal y Jiménez Díaz, entre otros. Se ufanaban de ser los barberos de la Gran Peluquería de Vallejo de lo mejorcito que había en Madrid y además el establecimiento ponía a disposición de sus clientes «inmenso surtido en lociones del país y extranjeras».

Lociones del país y también extranjeras tenía la peluquería Casin, en el número 31 de la calle de Embajadores. Había barberos, que como los médicos, después de realizar su trabajo en el establecimiento realizaban servicios a domicilio, sobre todo para afeitar o cortar el pelo a enfermos o inválidos, incluso los domingos, en los que quedaba prohibido abrir el establecimiento, teníán montada en su casa una habitación para recibir a quienes no podían acudir a la peluquería entre semana.

En una crónica del Madrid de los años veinte podemos leer: «En las peluquerías, los barberos ejercen de sangradores y, en calidad de inspectores informales de higiene, elaboran preparados para combatir parasitosis de piojo y otras plagas semejantes, inherentes al estado de indigencia que afecta a los miembros de una gran parte de la comunidad.»

También había una fuerte crítica sobre aquellos barberos que improvisaban su «puesto» en plena calle, junto a los pilones de las fuentes y que «dejaban en el agua una costra de jabón y de pelos que debería impedir rápidamente la autoridad por ser mal visto, insalubre y de mal gusto».

La zarzuela también incorpora a su escenografía a un personaje de este gremio. Precisamente en el teatro de la Zarzuela se estrena el 19 de diciembre de 1874 el

«Barberillo de Lavapiés». Es una obra crítica inspirada en el Madrid de Carlos III y que tienen en el barbero «Lamparilla» un duro crítico sobre el estado en que se encuentra la capital de España y echa culpas al más directo colaborador de Carlos III en las cuestiones ornamentales de la ciudad, el arquitecto Sabatini, autor del proyecto de la Puerta de Alcalá. El «Lamparilla», con sus mancebos de barbería, aparece en escena arremetiendo contra los consejos de Sabatini que habían propiciado la creación del cuerpo de serenos, que en opinión del barbero no eran otra cosa que «espías nocturnos de los madrileños».

«Lamparilla» tiene puesta su barbería en el barrio de Lavapiés, de donde es hijo bien nacido y agradecido a sus vecinos por el fervor que le prestan y el negocio que le sustentan. El barberillo de Lavapiés acude a la romería de San Eugenio:

Lamparilla:	¡Salud, dinero y bellotas!
Todos:	¡El barbero Lamparilla!
Lamparilla:	Aquí está para serviros
	lo peor que hay en la villa.
Todos:	¿Qué viene hoy buscando al Pardo
	el asombro de Madrid?
Lamparilla:	A rezar a San Eugenio
	y a comerme un celemín.
Todos:	Que nos cuente sus hazañas.
Lamparilla:	Haced corro. Oíd, Oíd.

Cuando «Lamparilla» consigue concentrar en torno a él a un grupo de curiosos capaces de tragarse y disfrutar sus mentiras y arrogancias, comienza explicando que siendo barbero también es sacamuelas, sangrador, comadrón si se tercia, músico, coplero, organista, sacristán y lo que fuera menester.

Y este personaje de zarzuela, amigo del chascarrillo, maestro de la invención, un tanto imaginativo y capaz de vender historias increíbles como si de hecho hubieran sucedido, crítico político, severo crítico de Carlos III y toda su corte, debía hacer honor al dicho de «habla más que un sacamuelas», y es que parece constatado que para ejercer en la barbería el oficio anejo de sacamuelas había que tener mucha labia, capacidad de entretener, verbo fácil y otras artes embaucadoras para distraer el paciente que sin anestesia se prestaba a la extracción de una muela con simples y llanos alicates.

Pío Baroja, en «La Busca» habla de los Rebolledo, padre e hijos. «Rebolledo, padre, contrahecho de cuerpo, enano y jorobado, barbero de oficio, solía afeitar al sol en la ronda, cerca del Rastro... Por las mañanas, Rebolledo salía del Corralón cargado con un banco y una palomilla de madera, de la que colgaba una bacía de azófar y un rótulo. Al llegar a un punto de la tapia de las Américas sujetaba la palomilla y a su lado el rótulo, un anuncio humorístico, cuya gracia, probablemente, sólo él comprendía, y que cantaba así: Barbería modernista. Barbería antisética. Pasar cabayeros, Reboyedo afeita y da dinero.»

De la habilidad de Rebolledo dice Pío Baroja que era buena muestra el hecho de haberse construido una dentadura postiza para uso particular.

En la posguerra los barberos tuvieron durante algunos años un trabajo suplementario al de cortar el pelo: sanear la cabeza. Eran tiempos difíciles para una buena higiene social, y especialmente en las zonas más deprimidas de Madrid los piojos y las liendres constituían un mal endémico. El barbero cobraba diez pesetas por un servicio completo que consistía en cortar el pelo al cero, limpiar de parásitos el cuero cabelludo y después aplicar una loción a base de un compuesto antiparasitario que en la mayoría de los casos ellos mismos fabricaban con productos elaborados en las boticas.

Crónicas de la época se hacen eco de la frenética actividad que se vivía en los establecimientos dedicados a estos menesteres: «Es pintoresca la escena de estos ímprobos ciudadanos que por su oficio deberían estar dedicados a cortar el cabello y disponer al cliente para ir de fiesta con el pelo bien recortado y peinado, pero que por lo común se les ven estomando piojos a colegiales y gentes de superior edad, a traperos y a otros que no lo son, que por el contrario tienen estampa de señorito pero que la falta de higiene y de jabón para el pelo hace que en sus cabezas aniden legiones de piojos a los que el barbero pone en fuga. Y en las barberías es chocante la estampa de un señor maduro al que están afeitando y esmerándose en dejarles unas patillas de película y al lado, en el sillón contiguo un chaval berrea porque el empleado nunca termina de escarbarle la cabeza para eliminar el reino animal que allí vive y con el que el chaval parece estar tan familiarizado que llora porque se lo arrancan.»

Allá por finales de siglo los barberos son noticia. Empiezan a tener mala prensa entre los cronistas porque han subido sus tarifas de forma desorbitada: cinco céntimos en cada servicio, lo que suponía un incremento del 17 por ciento. Y los cronistas no perdieron la ocasión para la crítica irónica: «Este abuso en el precio hace que los madrileños hayan decidido no pasar ni siquiera por delante de las barberías; están los clientes en huelga, y eso se nota en la calle donde desde que subieron los precios del corte de pelo y del afeitado se ven hombres con cabellos más largos, patillas sin arreglar y un inusitado número de barbudos.»

La crítica, dura, ácida, constante, quizá tuvo la culpa de la quiebra de algunas barberías que terminaron por cerrar ante la escasez de clientes. Y es que treinta céntimos por corte de pelo y afeitado era demasiado dinero. Con esa cantidad podía adquirirse una entrada para el Price o pasar toda una noche bailando y bebiendo chocolate en la explanada de la música del parque del Buen Retiro.

Pasaron los tiempos del despioje, de las barberías ambulantes, de los afeitados a punta de navaja. Llegaron las máquinas eléctricas, la moda de los pelos largos, de las barbas anárquicas, y muchas peluquerías tuvieron que cerrar. Pero como las modas van y vienen, aquéllos que aguantaron malos tiempos se encontraron después con una cosecha fructífera, la cosecha de las nuevas generaciones, las de hoy mismo, a las que les ha entrado el gusto por ir rapados, por llevar el pelo poco espeso y ha devuelto a las peluquerías un ritmo y una alegría que nunca tuvieron.

LOS BARQUILLEROS, CON EL OLOR A CANELA SOBRE EL HOMBRO

Con su barquilla al hombro iban perfumando de canela los tranquilos paseos de aquel Madrid verbenero y festivo. Recorrían los domingos el Salón del Prado desde la fuente de la Cibeles, donde quedaban citados los soldados con las sirvientas, hasta la plaza de Atocha, a la sombra de la fuente de La Alcachofa, donde reponían el sofocante paseo del verano madrileño con un redentor trago de agua fresca. Otros enfilaban la cuesta que lleva hasta el Cerrillo de San Blas y desde allí se introducían en el Retiro para ir perfumando los paseos, sorprendiendo a los enamorados que ajenos al paso del barquillero pelaban la pava en un banco o bajo los racimos de lilas.

Daban vueltas al estanque. Hacían un alto para el reclamo. Se acercaban a los chicos y también a las mocitas para que la ruleta de reluciente cobre les diera la suerte de los barquillos y participar en la liturgia del crujiente sonido de ese aromático dulce que se deshacía entre el paladar y la lengua como la sagrada y perfumada forma de los paseos madrileños.

Iban los barquilleros tocados con gorrilla, blusón azul oscuro o rallado y alpargatas. En las verbenas era otra cosa. Se vestían de chulapos. Parpusa, safo al cuello, camisa blanca con los puños vueltos, chaleco y pantalones de cuadros o pata de gallo. Engalanaban la barquillera con adornos verbeneros y llevaban una bota colgada al hombro de vino dulce, traído de las bodegas de San Martín de Valdeiglesias, para acompañar al barquillo y que éste no se quedara pegado al paladar.

En las verbenas el juego de los barquillos era cosa de adultos. En torno a la barquilla se arremolinaban unos cuantos gachós acompañados de sus chulaponas gachís. Se jugaban unas «beatas» (pesetas). Uno por uno iban girando el «palillo», que es una tablilla colocada sobre un perno en la tapa de la barquilla. El palillo dictaba después de varias vueltas quién había sido el ganador de la partida y quiénes los que habrían de pagar el consumo de barquillos para todos.

En aquella verbena de Soto de Migas Calientes, la Pepa, modistilla que vivía en la calle del Águila, había conseguido despistar a su señora madre, celoso perro guardián de la moza, a la que cortejaba un chico del barrio, empleado en una tienda de ultramarinos. Y junto a una barraca de tiro, la pareja intentaba algún escarceo amoroso, quién sabe si robarle al jaleo un beso en la mejilla. La Pepa había podido despistar a su señora madre, algo corta de vista, pero no al hermanito, mosca apestosa que no se apartaba de la pareja. Céntimo a céntimo consiguieron ir despegándole:

—Niño ¡vete a por un barquillo!

Y el niño iba y volvía en un periquete, hasta el punto de que se acabaron los céntimos y casi los barquillos sin que la Pepa y su Anselmo hubieran conseguido hilar una conversación de amor, siempre interrumpida en el momento cumbre por el regreso del chaval con el barquillo en la mano.

—Niño, ¡vete a por un barquillo!

—Ya no quiero más.

—Anda guapo —le dice el Anselmo— traime uno a mí.

Después le mandó a por otro para la Pepa, y el chaval, ya cansado de ir y venir se declaró en huelga:

—Si queréis pelar la pava inventaros otra cosa, porque me duele la barriga de tanto barquillo y también le duele al barquillero de reírse.

Los barquillos se hacían en los obradores de dulces, también en las panaderías y en alguna buñolería. Consistía en una hoja delgada de pasta de harina a la que no se le echaba levadura. Llevaba azúcar o miel. Se aromatizaba con canela y se ponía en moldes calientes en forma de barco, de ahí su nombre original de barquillos. Después se fue imponiendo el formato de canuto.

Parece que el barquillo, como producto para endulzar paladares, se remonta a la Edad Media y se vendía en las puertas de las iglesias, donde se elaboraban en hornos portátiles de carbón. En el año 1747, Juan de la Mata, repostero de la Corte, publica dos recetas de barquillo, uno llamado de Flandes y otro común. En la elaboración del primero se incluía agua de azahar, nata de leche fresca y manteca. La otra receta es la más conocida y popular: «En un cuartillo de agua se echarán dos yemas de huevo, media libra de azúcar en polvo, una de harina, y otro medio cuartillo de agua, en la que se hayan desleído dos onzas de manteca fresca, y que casi haya tomado el hervor; bien meneado y mezclado todo, se harán los barquillos del modo ordinario.»

Con el paso del tiempo llegarían otras variedades como los barquillos de canela o de limón:

Yo me voy a las Vistillas
¡Barquillos finos!
Yo a la calle de Alcalá:
¡Que son de pistón!
Yo me quedo en Recoletos:
¡Los llevo de canela!
Yo a la plaza la Cebada:
¡Los llevo de limón!

—

El barquillero voceaba el producto y se acercaba allí a los corrillos de chavales que eran su verdadero mercado. Les interrumpía en sus juegos de la pídola, el marro o las cuatro esquinas, el pañuelito y el volante, la gallinita ciega. Encelaba a los chicos con la barquilla y les sacaba unos cuartos. Después se acercaba hasta las parejas y a las amas de cría. A los soldados les comprometía:

—¡Venga, mozos! Jugad al clavo.

Con el clavo podían hacerse un número indefinido de tiradas. Cuando la ballestilla se detenía en los puntos marcados por un clavo, la mala suerte se había hecho presente y había perdido todos los barquillos ganados hasta el momento. A veces una retirada a tiempo era una victoria sobre el barquillero y la barquilla, pero la perseverancia, el egoísmo de conseguir más barquillos era una tentación a la fortuna y podría aparecerse la mala suerte y perder todas las ganancias.

Los barquilleros tenían que vivir del negocio y por lo tanto no dejaban ese negocio al azar. Por eso la ballestilla estaba trucada, sus varillas eran ligeramente arqueadas hacia la derecha para facilitar la caída hacia el temido clavo que era la señal de pérdida absoluta para el jugador.

Pero en el Madrid cátedra de la picaresca se iba de

pícaro a pícaro, y el jugador ya sabía de la manipulación que en las varillas había realizado el barquillero, por lo que contrarrestaban haciendo girar la rueda a contramano y de esta forma anulaban el efecto de las varillas arqueadas.

Y el barquillero, inevitablemente se subió a las tablas, se metió en la inspiración de letristas y compositores y se hizo sujeto imprescindible, en las zarzuelas de postín. Dicen que los barquilleros eran originariamente de Embajadores, vecinos de las cigarreras y «manolos» de postín. Así lo dicen ellos mismos en la zarzuela «Agua, azucarillos y aguardiente»:

Vivimos en la Ronda
de Embajadores,
al «lao» de la Ribera
de Curtidores.
Pasamos nuestra vida
con los chiquillos,
que son los que consumen
nuestros barquillos.
Cruzamos el Prao,
la plaza Colón,
voceando ¿quién los quiere
tiernecitos,
tostaítos,
de canela y de limón?
Las niñeras y los soldaos
por nosotros están pirraos
y dan cuartos a los chiquillos
pa que se lo jueguen a los barquillos.

Hay otra zarzuela, de José Jackson Veyan y José López Silva, llamada «El barquillero», con música de

Ruperto Chapí. Pepillo es el personaje principal, el barquillero. Está enamorado de una mocita de Lavapiés llamada Socorro. Acude a rondarla, pero no tiene músicos ni instrumentos. Eso sí, tiene amigos, y éstos son capaces de arrancar notas a las barquillas haciendo girar sus ruedas de forma acompasada. Pepillo encabeza la ronda:

¡De frente, muchachos!
¡Arza, duro, paso militar!
Alegrar esas caderas.
Más estilo, Salvador.
¡Ahí los hombres en el mundo!
¡Un, dos, un, dos!
Manos a las correas.
¡Alto, descansar!
¡Un, dos, tres, ar!
¡Ahí vive la morena
más barbi de Madrí,
y ya sabéis que sólo
se peina para mí.
A falta de bandurrias
me vais a acompañar
haciendo que las ruedas
no dejen de sonar.

Durante los siglos XVI y XVII parece que principalmente los golfillos se empleaban en las tareas de vender barquillos. En El Quijote el doctor Pedro Recio Tirteafuera recomienda a Sancho Panza que para conservar su salud «no ha de comer sino un ciento de canutillos de suplicaciones y unas tajaditas subtiles de carne de membrillo».

Por aquellos tiempos la venta de los barquillos era

un negocio muy rentable, los alcaldes recomendaron no vender por las calles entre otros dulces y golosinas, los barquillos «so pena de cien azotes y dos años de destierro».

Un castizo recuerda a los barquilleros de los años veinte: «Se ponían en los veladores, sobre todo en verano. La gente que se lo podía permitir se sentaba en las sillas de los quioscos a tomar horchata o agua de cebada, y además un crujiente barquillo.»

No desaparecieron del todo los barquilleros. Todavía siguen paseando algunos parques de Madrid, pero sobre todo las verbenas, las fiestas de los barrios más castizos. Eso sí, ya no son aquellos mozos pícaros, que en ocasiones utilizaban la barquilla como un simple camuflaje para jugarse el dinero en la ruleta en vez de vender barquillos; ahora son también gente joven que tiene en el barquillo una fuente de ingresos marginal y en ocasiones no pasan de ser una figura alquilada por el Ayuntamiento para ambientar verbenas, kermeses o representaciones de zarzuela, zarzuela de verano al aire libre en el marco incomparable de la corrala de Mesón de Paredes.

Los barquilleros fueron sin duda personajes dulzones de un Madrid romántico, reclamo de ojos infantiles, excusa amorosa para romper una situación azarosa, perfume de canela para aromatizar verbenas y kermeses, ornamento imprescindible del Madrid más entrañable.

Afortunadamente aún quedan algunos barquilleros para endulzar las calles y las verbenas de Madrid. La familia Cañas sigue dedicándose a este menester, a este oficio que se ha ido transmitiendo de generación en generación. En una barquillera se puede leer: «La Flor de la Canela. Félix Cañas».

...Que sea por mucho tiempo.

LOS SERENOS, CELADORES Y GARANTES DE LA NOCHE DE MADRID

«...¡Las doce en punto y sereno!...»

Con su chuzo golpeaban secamente el empedrado al tiempo que cantaban la hora y el estado del tiempo. Nace el cuerpo de serenos el 12 de abril de 1765, reinando Carlos III. Su labor fundamental no es la del cuidado del orden en la tumultuosa noche madrileña de aquellos tiempos, sino encargarse del encendido y cuidado del alumbrado público. Más tarde se llega a la conclusión de que la Villa precisa un cuerpo específico «para proteger a los ciudadanos por las noches, que los malechores toman por salvoconducto para cometer insultos de diversas especies». Por primera vez se implanta el cuerpo de serenos en el barrio de las Monjas de Pinto. Era el año de 1791 y los vecinos no sólo acogen con indiferencia esta novedad, sino que no abonan la cantidad fijada al Concejo por el servicio de los serenos.

Ha de esperarse a 1797 para que el Ayuntamiento de Madrid decida crear el cuerpo en toda la capital, al tiempo que se nombraba a don Esteban Dolz de Castellar «cavezón» o «jefe de serenos», un cuerpo que en 1819 había llegado a tener 100 integrantes. En 1840 se unifican las labores de sereno y farolero. Para optar a este puesto se exige a los aspirantes «robusted, proviedad, inteligencia y adhesión al Gobierno Real y paternal de S.M.». Más tarde las exigencias se vuelven más rígidas: «robusted, agilidad proporcionada al objeto, cinco pies como mínimo de estatura, no ser menor de 20 años ni mayor de 40, tener fuerte y clara la voz, saber leer y escribir para dar por escrito los partes, observar conducta irreprensible y no haber sido procesado por camorrista, perturbador del orden público, ni por robo, embriaguez ni otra causa negativa», al tiempo se les privaba de tener ocupación laboral diurna «que menoscabe la facultad plena que deben tener para realizar su trabajo por la noche».

De sus largos chuzos terminados en punta de lanza pendían tres linternas, iban tocados con gorra y bata gris. Un amplio cinturón de cuero servía para sujetar el amplio manojo de grandes llaves para abrir las puertas del vecindario. Cada uno tenía asignadas sus calles y no podían salirse de ellas salvo caso de extrema urgencia y no sin antes dejar un sustituto. Durante las horas de trabajo les estaba prohibido sentarse ni tener conversación que les distrajera de su cometido. Estaban obligados a cantar la hora, señalando las medias y los cuartos, repitiéndola cada cuarenta o cincuenta pasos y expresando el estado del tiempo según su leal saber, entender y diagnosticar producto de haber mirado antes al cielo.

Los había celosos de su trabajo y que cumplían la obligación por encima de lo encomendado. Así, no se limitaban a cantar la hora y el estado del tiempo, y avanzaban algún acontecimiento político, e incluso se cuenta el caso de uno de ellos que era una especie de «boletín informativo andante» desde aquella noche que cantó: «Ave María Purísima, las doce casi y más —se había quedado dormido a las doce en punto—, el cielo azul, y además un puñadito de estrellas.»

> El sereno de mi barrio
> es un grandísimo embustero,
> por decir que son las once y cuarto
> dice que son las once y lloviendo.

Pero no olvidemos que el origen principal que dio nacimiento a este cuerpo fue el de vigilar la noche madrileña, y así en los casos en que habían de perseguir a algún malechor, se convertían en auxiliares de la justicia y como no iban armados hacían tocar su pito para que acudieran los compañeros o los vecinos y poder detener al delincuente.

Poco a poco y mediado el siglo XIX los serenos se fueron convirtiendo en verdaderos celadores de la calle y del barrio. No se limitaban a las misiones encomendadas por ordenanza, sino que su prestación de servicio iba más allá de lo reglamentado y en la noche madrileña eran auxiliadores de desvalidos, confidentes de noctámbulos, también «comadronos» si la ocasión lo requería, recaderos de botica, o la sirena que alertaba de un incendio, proclamando a voces y en distintos puntos que las llamas habían aparecido en un lugar concreto.

Era el sereno el rey de la noche. A veces hombre de paz en querellas, pendencias amorosas o riñas conyugales; norte y guía para forasteros extraviados, celador para que los ruidos no perturbaran el sueño ciudadano redentor de olvidadizos que habían extraviado la llave y a los que salvaron de tener que entrar en la casa a través de las ventanas, y por si era poco, se les encomienda también labores de policía en la represión de la venta ambulante, teniendo que conducir al cuerpo de guardia más cercano a quienes sin el oportuno permiso del Consejo vendieran por las calles vinos, aguardientes u otras bebidas.

Poco a poco fueron cambiando también sus enseres de trabajo. El palo con el chuzo sustituyó a la lanza de tres varas de largo y el pito original fue sustituido por un artístico silbato de bronce en el que estaban inscritas las armas de Madrid.

—¡Sereno...!

—¡Va!

Durante muchas décadas el reclamo y la respuesta se convirtieron en el sonido de la noche de Madrid, siempre acompasado por el encuentro del chuzo contra el suelo, un sonido que inspiraba tranquilidad. Si por los alrededores andaba el sereno, la vecindad podía dormir sin sobresalto porque su sueño estaba bien custodiado. Vivieron de las propinas y nunca tuvieron garantías sociales ni sueldos fijos, pero el madrileño era por lo común generoso y satisfacía razonablemente el servicio que les prestaban estos hombres del capote y la mirada siempre atenta a cualquier sombra extraña, a cualquier movimiento o conato de trifulca.

Tradicionalmente se ha dicho que los serenos de Madrid eran asturianos y algún que otro gallego. Es difícil de probar y aseverar rigurosamente, pero sí es cierto que muchos de ellos tenían el inconfundible acento asturiano y que a la hora de jubilarse siempre buscaban su sustituto en algún pariente o paisano de confianza, porque velar la calle era una cuestión de honor, un acto de fe, una vocación cierta.

Para el sereno no existían secretos entre el vecindario. Estaba al tanto de quién entraba y de quién salía. Conocía uno por uno a todos los vecinos y ningún extraño podría deambular y hacer movimientos extraños sin ser interceptado por el sereno. Estaba al cabo de la calle, del estado de salud, económica y civil de las calles donde prestaban servicio y eran confidentes y jueces de muchas disputas familiares.

Con el sereno, antes de entrar a casa, había que echarse un cigarrillo o una parrafada:

—Esta noche va a haber tormenta, don Hilarión.

—Si usted lo dice señor Paco, será verdad, que de la noche y del tiempo sabe usted más que nadie.

—Pa eso soy sereno y uno ha de estar al tanto de todo.

—¿De todo?

—Casi.

—Pues habrá oído usted que en el barrio se habla y no se para de esa moza que ha entrado de huésped en casa de la Petra.

—¿La del pelo suelto y el escote pronunciao?

—La misma, Paco. ¡Vaya hembra! No sé que tié la gachí que me está quitando el sueño y el corazón se me va corriendo de pálpitos detrás de ella cuando pasa por mi ventana. Dicen que es modistilla y trabaja en un taller de la calle del Olivar.

—¡Quiá, don Hilarión! ¡Si yo le contara...!

—Pues, cuente, cuente...

—No. Mire usted que uno es pobre pero discreto y honrado, que mi oficio y el servicio que tengo encomendado prestar no me permite inmiscuirme en la vida de nadie.

—Vamos Paco, que hay confianza, hombre.

—Por eso, porque si yo le hablo a usted de esa gachí habrá perdido usted su confianza en mi persona y pensará que a cualquiera puedo contar lo de usted con doña Patro.

—¡Calla!, Paco, que te pueden oír... Nos conocemos

desde hace tiempo, sabes que soy de los más generosos del barrio cuando cada fin de mes te doy la paga y de vez en cuando alguna propinilla, y por esa amistad que nos une podrías contarme algo de esa moza que me tié embelesao, Paco... Anda, vamos a echar un cigarro.

—Bueno, pero con usted hago una excepción.

—Cuenta.

—La gachí no es ni modistilla ni na. Da la apariencia por el día llevando ropas de un lugar a otro, pero todo es una farsa. Es, don Hilarión, una chica de cabaret. Creo que trabaja en El Fornos, y casi todas las noches, después de que este servidor haya dado las doce, la trae un señorito en un lujoso coche tirado por dos caballos.

—¡Mal rayo te parta, Paco! ¡Que acabas de quitarme media vida con esa noticia! Nada tenías que haberme dicho.

—Pero usted se empeñó...

—Tu deber era estar callado pese a mi empeño, que todo buen sereno debe ser discreto y no dar tres cuartos de lo que se sabe del vecindario.

—Usted perdone, don Hilarión, pero...

—¡Anda, Paco! Hasta mañana. Me has dao la noche bribón.

«El sereno de mi barrio» es el título de una zarzuela estrenada en el Gran Teatro de Madrid el 26 de junio de 1909. El sereno se llama Dormilón y hace honor a tal mote. Duerme profundamente sobre el escenario y un coro le despierta:

¡Dormilón, dormilón!
que va pronto a anochecer
¡Dormilón, dormilón!
que te llama tu deber

¡Vamos ya! ¡Vamos ya!
a cumplir tu obligación
¡Vamos ya! ¡Vamos ya!
y no seas dormilón.

En «Doña Francisquita» también el sereno es un personaje entrañable e inevitable y en «La verbena de la Paloma» tiene un excepcional protagonismo. Alcanza su auténtico papel de mediador cuando se mete en la pelea que enfrenta a don Hilarión y al Julián por cuestión de amoríos. Viendo que está a punto de ser zarandeado por los contendientes, da un golpe de chuzo e impone su autoridad:

Pues si yo toco el pito
se acaba la función

Pero tiene que ser el marido de la señá Rita, que es madrina y defensora del Julián, el que quite autoridad al sereno y le haga desentenderse de esa querella que sólo dos enamorados pueden saldar, cuando dice:

Ni usté aquí toca el pito,
ni usté aquí toca ná.

Y como casi siempre, el sereno se pierde en la oscuridad de la calle con su andar taciturno, su farol en una mano, el chuzo en la otra, con el acompañamiento musical, metálico, de su manojo de llaves. Y antes de que pueda volver la cabeza para ver en qué ha quedado la riña se oirá la voz:

—¡Sereno!

—¡Va!

Los primeros serenos, cuando el cuerpo ya se institucionalizó y pasó a depender del Ayuntamiento tenían un sueldo de ocho reales diarios, pagados por meses vencidos. El Ayuntamiento les proporciona sus uniformes, uno de verano consistente en levita de paño fuerte con vivos colores y cuello encarnado, y otro de invierno, que tenía además una esclavina larga para ponerse por encima de la levita. Se tocaban con sombrero de charol media chistera, y exhibían en el pecho la chapa correspondiente. El pantalón se lo tendría que comprar el propio sereno, así como el chuzo, el farol y el pito.

En el año 1932 la prensa se hacía eco de una polémica encendida que interesaba a los serenos. Los articulistas coincidían en la queja por las enormes llaves que se utilizaban para las cerraduras de los portales, que pesaban entre los doscientos gramos y el cuarto de kilo en su mayoría y que suponían para los serenos una carga importante al llevar sobre el cinturón manojos de varios kilos. Un irónico periodista se hacía la siguiente reflexión:

—He observado que por lo común la mayoría de los serenos andan encorvados. Podría achacarse a causas de su edad, pero la mayor parte de éstos son aún jóvenes y robustos. Podría también buscarse el origen en una enfermedad de los huesos que produce las frías y húmedas noches de Madrid. ¿Pero no será que la curvatura de su esqueleto es sólo producto del gran peso que soportan los manojos de pesadas y antiguas llaves? Pruébese a poner en los portales modernas cerraduras de llaves ligeras y a lo mejor se alivia la curvatura de los serenos.

UN ELUCIDARIO MUY SERENO

• Ramón Santiago Fernández fue el sereno que en toda la historia del cuerpo más tiempo permaneció en activo. Con ochenta y siete años de edad y cuarenta de servicio velaba todas las noches la plaza de Oriente, y quienes le conocieron dicen de él que jamás le tembló la mano a la hora de golpear el chuzo contra el adoquinado para dar la hora, ni tampoco cuando fue menester ponerlo sobre las espaldas de cualquier pillo.

• El segundo récord de permanencia lo ostentó Baltasar Fernández Madrid, también cuarenta años en el cargo, con ochenta y dos de edad y sereno a la puerta del Banco de España.

• Un sereno asturiano decía que su novia era el chuzo y por eso no se había casado. Desde que tenía veinte años salía con él cada noche. Se lo había hecho un pastor de su pueblo como regalo cuando decidió venirse a Madrid. Lo rompió una noche en el lomo de un malhechor que le había hecho frente con una navaja. Se pasó la noche llorando por haber perdido a la «novia».

• Un vecino de la calle Leganitos pidió una noche auxilio al sereno. Quería ir a la farmacia de guardia a por una medicina para un familiar que había enfermado repentinamente. El sereno abrió su levita y sacó de los bolsillos interiores más de treinta muestras de medicamentos distintos, entre los que estaba el requerido por el vecino que no salió de su asombro y exclamó: «Da gusto. En vez de farmacias de guardia hay en Madrid guardias-farmacia.»

• Otro de estos servidores fue una noche a buscar una comadrona para que asistiera a un parto en la vecindad. La mujer, somnolienta, cansada después de tantos años de verse sobresaltada por la noche, le dijo al sereno: «Un día de estos voy a jubilarme. Ya estoy harta. He atendido más de mil partos en mi vida», a lo que el sereno contestó: «Pues yo, que no pienso retirarme por ahora, ya he ayudado en más de dos mil».

• Un día del año 1957 llegó a Madrid un individuo bastante desorientado y corto de entendederas. Se bajó del tren en la estación de Atocha y preguntó dónde podría encontrar a José García. El individuo en cuestión y su paisano eran asturianos. El buscado era sereno y le bastó dar un par de detalles más para que le ofrecieran señas exactas. Eso sí, el forastero tuvo que ir preguntando de sereno en sereno desde Atocha a Chamberí.

• Corría el año de 1965. De un tablao flamenco de la Cava de San Miguel salía un extranjero eufórico por el espectáculo y por la sangría que había consumido. Se puso a dar palmas en la calle y rápidamente acudió el sereno del barrio. Al verle el extranjero exclamó: «¡Olé los gitanos con palo!», y le dio doscientas pesetas de propina.

En el año 1976 siendo alcalde de Madrid Juan de Arespacochaga los serenos fueron reconvertidos. La precaria situación socio-laboral en la que se encontraban obligó al Ayuntamiento a incorporarles a la plantilla municipal como vigilantes nocturnos. A partir de ese momento los nuevos «serenos» dejaban su uniforme tradicional por otro homologado por el Ayuntamiento y más parecido al de la Policía Municipal; arrinconaban el chuzo y ya no tenían que prestar el servicio de apertura de puertas, dejaban por tanto también el manojo de llaves, depositadas en las juntas de distrito.

A los pocos meses de entrar en funcionamiento el nuevo servicio comenzaron las primeras quejas. Aquéllos eran unos serenos un tanto desnaturalizados, en nada parecidos a los tradicionales. Los vecinos y los comerciantes pidieron que se restableciera el anterior sistema, más eficaz, más cercano, más seguro.

En 1977 el Consejo de Ministros aprobaba un decreto para el restablecimiento del Cuerpo de Serenos en aquellos municipios con más de 100.000 habitantes. Pero fue ineficaz al admitir el decreto varias interpretaciones y entender el Ayuntamiento de Madrid que el servicio de vigilantes nocturnos cumplía las directrices del Consejo de Ministros. Sin embargo, un año después el propio Ayuntamiento elaboraba un borrador de ordenanza para restablecer el antiguo Cuerpo de Serenos, que estaría formado por 7.000 hombres a los que habría de dotar de uniforme y armas reglamentarias, fijando el salario en 30.000 pesetas mensuales. En octubre de 1978 el pleno municipal aprueba la ordenanza, pero en realidad sólo era una norma reguladora del cuerpo de vigilantes nocturnos.

En 1979 se restablece la democracia en los Ayuntamientos. En Madrid la alianza PSOE-PCE hace alcalde a Enrique Tierno Galván y la nueva Corporación se plantea la vuelta de los antiguos serenos, a los que el profesor Tierno añora y quiere apoyar su retorno con un bando que nunca llegaría a escribir. El 7 de abril de 1986 vuelven los serenos a las calles de Madrid. Doscientos cincuenta hombres comienzan a prestar el servicio de forma experimental en el distrito Centro. Se le provee de transmisor, silbato, porra de goma y spray. El traje de invierno está compuesto por guerrera de paño gris, cerrada mediante una sola fila de botones de pasta negros, cuello tipo «mao» cerrado por corchetes, dos bolsillos superiores con botones de pasta negros y dos escudos plateados del Ayuntamiento en las hombreras. El pantalón es del mismo tejido y sin vuelta, trabillas para cinturón y tres bolsillos. Llevan guantes de piel, botas bajas de «box-calf» con cremallera central, calcetines negros de lana y jersey gris de cuello redondo. El chaquetón es de paño gris, cruzado, con doble fila de botones de pasta y escudos plateados del Ayuntamiento en las hombreras. El uniforme se completa con una esclavina de nylon con largo por encima de las rodillas, cinturón de cuero para el pantalón, ceñidor de cuero con hebilla cuadrada y una placa insignia con el escudo del Ayuntamiento de Madrid y la leyenda: «Vigilante nocturno de comercio y vecindad», así como el número de identificación personal. La gorra es de blenda, de color gris, con visera de charol negro, cordoncillo morado en el borde de la circunferencia, borboquejo de charol con dos botones plateados planos con el escudo del Ayuntamiento.

La ordenanza de nuevo servicio prevé, con carácter voluntario que los serenos se hagan cargo de las llaves de portales y comercios. Dependen orgánicamente de la Policía Municipal y el coste del servicio habrá de ser sufragado por vecinos y comerciantes, pero al Ayuntamiento corresponderá garantizar las nóminas, pagar sus emolumentos y correr con los gastos de la Seguridad Social.

Pero los serenos eran ya personajes de otro tiempo y ni el empleo del Ayuntamiento ni la voluntad del alcalde Enrique Tierno, que antes de morir quiso restablecer viejos usos, costumbres y personajes del Madrid antiguo, fueron suficientes para mantener el retorno de los serenos. Problemas de organización, sindicales, laborales y de cobro del servicio hicieron que los nuevos serenos sólo prestaran servicio por espacio de poco más de un año. El Ayuntamiento decidía su extinción y ofrecía a estos trabajadores la posibilidad de quedarse en la plantilla municipal. El retorno de los serenos había sido un auténtico fracaso. La nostalgia, el romanticismo habían sido vencidos por la dura realidad de un Madrid que para vigilar la noche precisaba de otro tipo de celadores y de otros sistemas. El día después de su desaparición algún despistado noctámbulo gritó en una calle de Madrid:

—¡Sereno!

...Y nadie respondió.

LAS LAVANDERAS DEL MANZANARES, COMPAÑERAS DEL APRENDIZ DE RÍO

No ha gozado de buena fama el Manzanares. Unas veces porque apenas un hilillo de agua discurría por su cauce; otras, porque se envalentonaba con ocasión de tormentas y su crecida arrasaba las riberas, sumiendo en la desgracia a quienes a las orillas habían establecido figones, ventorros, tabernas, chozas y lavaderos. El «aprendiz de río», fuente de trabajo para muchas mujeres dedicadas al menester de lavar y orear ropas ajenas, se convertía también en su desgracia cuando inundaba lavaderos y casas.

Decían los cronistas del siglo pasado que «hay temporadas en que al río, al ver que la gente se ríe de él, se le hinchan las narices, sobre todo cuando empieza el deshielo o abundan las lluvias torrenciales; saca el pecho fuera... del lecho inmundo donde reposa, y en confuso torbellino de aguas sucias, arrastra en su pasajera corriente cuanto al paso encuentra, inunda las márgenes de las riberas, arranca las bancas de las lavanderas, se lleva la ropa sucia y la que está tendida a la vergüenza, y va sembrando el luto y la miseria entre aquellas pobres mujeres que aunque metidas en la banca, no ganan apenas lo suficiente para comer, dando jabón, a veces insuficiente, a las prendas más íntimas de los vecinos y vecinas de Madrid».

Y lo cierto es que el «aprendiz de río» estuvo siempre en boca de los poetas, pero en la mayoría de las ocasiones para mofa y escarnio. Quevedo decía de él que «más agua trae en un jarro cualquier cuartillo de vino». Lope de Vega aconsejó al regidor de la Villa que «comprara un río o vendiera un puente». Castillo Solórzano le llamó «charco ambulante». Alcide de Bonnecase afirma: «El canal del Manzanares, pocos barcos saca a mares...» Y también Tirso de Molina:

> Como Alcalá y Salamanca,
> tiene, por no ser colegio,
> vacaciones en verano
> y curso sólo en invierno.

Tampoco escapó a la ironía de Ventura de la Vega:

> ...que de sed mueren los olmos
> que sus orillas guarnecen
> y que, él mismo, al agua extraño,
> pide paraguas si llueve.

Otros, menos irónicos, más generosos con el «aprendiz de río» glosaron sus bondades. «Manzanares, Manzanares,/arroyo aprendiz de río,/platicante de Jarama,/buena pesca de maridos...» Fulvio Testi dijo del Manzanares que «es pobre en agua pero riquísimo en mujeres». Quizá el más generoso de todos fuera Mesonero Romanos: «A pesar de su escasez este río es de gran utilidad a Madrid para fertilizar gran parte de su término, para lavado de ropas, para los baños generales en verano y para surtir el canal. Sus aguas son delgadas y buenas, pero no se beben por estar destinadas al lavado.»

Dicen los historiadores que el primer ser humano que se bañó en las aguas del Manzanares debió ser un cazador de elefantes, pues probado está que en sus aledaños se instalaron los primeros pobladores de Madrid, incluso en los primeros siglos de la era cristiana contó con baños públicos y privados, aunque Rodríguez Marín ironizó diciendo: «¡Se acabó el río! Porque la poca agua que en el río quedaba se la llevaban los bañistas en las sábanas con que se enjugaban.»

Desde sus primeros y remotos tiempos lo cierto es que el Manzanares sirvió para baños y lavados. En el siglo XIV los baños públicos del río estaban arrendados a mujeres mudéjares. Casiano del Pozo en 1626 escribe que hombres y mujeres se bañan juntos y desnudos en el Manzanares y Jerónimo de Barrionuevo, en 1651, también hace referencia al baño de «hombres y mujeres en pelota, medio vestidos y desnudos», con ocasión de festejarse el día de Santiago. En 1766 don Ramón de la Cruz advierte del peligro de que quien se bañara o bebiese lo que otro orinó. Durante el siglo pasado se proyectaron distintos balnearios junto al río y a mediados del XIX se contaban 19 casas de baños públicos.

Y tan antiguos como los baños en el río fueron los lavaderos donde los vecinos de Madrid hacían su colada y donde las familias más modestas daban en lavar la ropa sucia de los pudientes con tal de sacar una paga por este menester. Y en 1585 se habla en un pregón de los lavaderos del Manzanares. Había lavaderos que eran propiedad de la Villa y se establecieron arbitrios por la utilización de las bancas donde se arrodillaban las lavanderas; las comunidades religiosas y también los ejércitos tenían sus lavaderos asignados.

Las lavanderas pasaban por las casas recogiendo la ropa sucia y después en el río se encontraban con las criadas que acudían a sanear y tender la ropa de sus amos. Hubo a lo largo de los siglos defensores y detractores en torno a la utilización y explotación del río como lavadero público. Algunos aconsejaban plantar sus orillas de árboles frutales, construir nuevos baños y estanques de pesca a fin de ahuyentar a las lavanderas y con ellas los rastros de jabón que quedaban sobre la superficie de las aguas como una costra maloliente, pero los arrendadores de los lavaderos consiguieron unirse y desbaratar ese proyecto.

En 1782 la Sociedad Económica de Amigos del País llegó a plantar álamos en la Pradera del Corregidor, frente a la fuente del Abanico, pero no duraron mucho porque las lavanderas los utilizaron para colgar la ropa, despreciando la advertencia de ser multadas con 20 ducados si dañaban los álamos.

Un año después, Carlos III manifiesta su preocupación por las condiciones en las que desarrollan su trabajo las lavanderas del Manzanares. Los fríos, las lluvias, son un enemigo, a veces mortal, para estas mujeres. El «mejor alcalde» de Madrid encarga al arquitecto de Corte, Juan de Villanueva, la construcción de lavaderos cubiertos en la orilla oriental del Manzanares. Asimismo ordena que una acequia lleve agua limpia a los lavaderos, agua tomada cerca del Puente Verde, con el fin de que las pantanosas aguas del río no supongan un foco de contaminación con grave riesgo de contraer el tifus.

En 1875 existían a lo largo del río 86 lavaderos con 7.013 bancas, especie de cajones que aislaban de la humedad, con una tabla delante sujeta con estacas y en la que se apoyaba la ropa a la hora de lavarla. Teniendo en cuenta que mediado el siglo el número de lavaderos era de 56 y el de bancas 3.117, podemos hacernos idea del auge de este oficio. El propio Teatro Real fue construido sobre antiguos lavaderos, en la zona de la Huerta de la Reina o Caños del Peral.

¿QUIÉNES ERAN LAS LAVANDERAS?

Personas humildes, muy humildes, viudas en su mayoría o madres de una amplia familia donde era preciso arrimar el hombro en una de las labores más sacrificadas de aquellos tiempos. La mayoría de ellas vivía en la barriada del puente de Segovia, en chozas sórdidas y miserables. Bajaban por la mañana temprano con sus canastillas repletas de ropa sucia y los cuarterones de jabón que compraban en las fábricas de Carabanchel. Generalmente las acompañaban las hijas, en algunos casos, criaturas de tan sólo seis o siete años que subidas en un cajón o en una cuba tendían la ropa o se esmeraban en recogerla con la suficiente pericia como para que no cayera sobre los terragales.

Durante muchas horas estas mujeres se machacaban los riñones en forzadas posturas, rompiéndose los nudillos de tanto restregar sábanas, ropas, trapos. Volvían con las manos moradas por los efectos del frío, el jabón y el agua.

Bajaban desde las Peñuelas, el Puente de Vallecas o Embajadores. Algunas acudían a los lavaderos con las manos vacías, a la espera de que las calesas llevaran la ropa sucia de las casas de la gente acomodada. Una jornada de intenso trabajo podía suponer una remuneración de seis reales.

Acudían también los traperos para contratar a las

lavanderas para que asearan los sacos llenos de trapos que una vez lavados vendían en las fábricas de textiles.

> Limpia por dentro,
> limpia por fuera,
> es un chorrito de oro
> la lavandera.

Al margen de la dureza que representaba este trabajo, las lavanderas tenían que cargar con voluminosos cestillos de ropa y también con los avatares del destino, con los enfriamientos que producía la humedad del río, el reúma, los sabañones y las prohibiciones. «Dentro de unos días se ordenará que las ropas, antes de ser lavadas en el Manzanares, se sometan a una fuerte colada» («El Independiente», 5-8-1885).

Y en ocasiones la tragedia se hacía presente entre estas trabajadoras humildes. Las crecidas del río se llevaban ropas, utensilios y los lavaderos con sus bancas, cuando no sorprendía a alguna de ellas y arrastraba su cuerpo hasta las juntas del Jarama. Se cuenta también en una crónica de sucesos del siglo pasado que en un lavadero del Paseo Imperial (también los había fuera de las márgenes del río, aprovechando el caudal de algunas fuentes públicas) se produjo el hundimiento de dos naves que costó la vida a dieciocho personas. «Realmente era horrible el espectáculo —narra el cronista—. Aquel montón de escombros, donde poco antes trabajaban con ardor, llenos de vida, varios obreros de ambos sexos. En la única nave que se mantuvo firme aparecían tendidos en el suelo, formando hilera, los cadáveres por extremo mutilados. Clavados en el suelo veíanse varios hachones de resina, alumbrando aquel tristísimo cuadro. Cerca del montón, un perro negro aullaba lúgubremente.

Los cadáveres conservaban los cabellos en punta y había en sus rostros huellas del más profundo terror. Se adivinaba, mirando aquellos rostros crispados, la transfiguración de la vida en el acto supremo de la ascensión del alma. Un sacerdote rezaba; algunas personas, arrodilladas en torno al spoliarium, seguían sus rezos; por fuera la oscuridad era imponente; en medio de aquel silencio resonaban los gritos del esposo, los lamentos de la madre, y los muertos permanecían rígidos, inmóviles, impasibles, cubiertos con sus ropas destrozadas.»

Las crecidas del Manzanares también sembraron desgracias en este humilde colectivo. Ese río, de ordinario ni siquiera arroyo, era capaz de ocupar portadas de los periódicos cuando se embravecía y arruinaba a muchas familias, incluso sus aguas llegaban a alcanzar zonas altas de Madrid. Una de las crecidas y desbordamientos más espectaculares tuvo lugar en diciembre de 1876. El cronista de la época aprovechaba el dramatismo de la situación para ironizar: «Madrid, ¿puerto de mar? El Manzanares se ha vuelto navegable. Las calles de la villa se han convertido en madre de otros ríos improvisados. Los carruajes se han convertido en canoas. Hacen agua las bodegas de los edificios, amenazando hundirse. Rebosan los pozos y desaparecen los aguadores. Ya no hay en Madrid damas y galanes, sino ranas y cangrejos, vivimos como en el fondo del mar.»

La mayoría de las lavanderas tenían este trabajo como única fuente de recursos y cuando los años les ponían cristales en las manos y rigidez sobre su cintura, perdían la oportunidad de ganar un dinero y quedaban en la calle, muchas de ellas en la indigencia, condenadas al limosneo.

Esta circunstancia hizo que el 9 de julio de 1871 se iniciaran las obras para la construcción de un asilo de lavanderas, por deseo expreso de la reina María Victoria, esposa de Amadeo de Saboya, que en principio estaba destinado a acoger a los hijos de las lavanderas mientras éstas realizaban su trabajo. El acto de la primera piedra estuvo revestido de gran solemnidad. En las afueras de la Puerta de San Vicente se había levantado un arco triunfal colmado de flores, Compañías del Ejército y de la milicia se hallaban alineados en espera de la llegada de la Reina, acompañada del alcalde de la Villa, del gobernador interior y de una representación de los dueños de los lavaderos.

En un largo y caluroso discurso el regidor de la Villa agradeció, en nombre del pueblo y en especial de las lavanderas, la caridad y bondad demostradas por la Reina al patrocinar esta obra. Las dos paletas de plata empleadas en el acto les fueron regaladas a los Reyes. Las lavanderas agradecieron a la Reina esta bondad regalándole varios ramos de flores.

El asilo se construyó junto a la glorieta de San Vicente. Además de acoger en un principio a los hijos menores de cinco años de estas trabajadoras, disponía también de seis camas para atender a las que sufrieran algún accidente. Tras la guerra civil española el asilo prácticamente desapareció. En 1946 fue reedificado entre los paseos de Pontones e Imperial, pero con la desaparición del gremio de lavanderas fue destinado a otros usos hasta su total abandono. No podemos olvidar que también la reina había patrocinado antes que el asilo la construcción de una iglesia para lavanderas en la Puerta del Ángel, para que pudieran satisfacer sus obligaciones religiosas cuando regresaban camino de los Carabancheles.

Personajes de sainete y zarzuela

Las lavanderas, junto a los serenos y a las aguadoras quizá sean el personaje popular que más aparece en el género chico y también en los sainetes.

Y en uno u otro género entre las lavanderas, como entre las cigarreras o las aguadoras, las pendencias amorosas salen a flote. En la zarzuela titulada «El Manzanares», dos de éstas mujeres llegan a las manos por cuestión de la disputa de un hombre llamado José. En «El chaleco blanco», aparecen las lavanderas en las márgenes del Manzanares:

Al bajar a las bancas
del Manzanares,
sin querer olvidamos
nuestros pesares.
Parece que el agua
nuestras penitas
lleva corriendo
cuando se va;
y nos deja la alegría
de pasar la vía
que es bien arrastrá.

Y cuando las lavanderas tienden al sol de Madrid los calzoncillos largos con el fin de orearlos descubren en el paño generosos agujeros que dan lugar al regodeo:

Éstos son los calzones
de un señorito.
¡Ay que frío habrá pasado
este invierno el pobrecito!
Tiene ventiladores
por delante y por detrás.

En «La Revoltosa» también aparece la lavandera y en «Las Bravías» se canta:

> Tengo a la orilla del río
> la mar de ropa
> puesta a secar;
> deja que el sol la relimpie,
> deja que el viento la mueva,
> que buena falta la hará.

En un libro editado en 1912, del que fue autor Fernando Mora y titulado «A orillas del Manzanares», aparece el personaje de doña Gorgorita, lavandera de profesión, aunque en su alegre juventud fue una de las primeras coristas de Los Bufos.

En los años veinte aún quedaban dieciocho lavaderos en las riberas del Manzanares y otros veinte en distintos puntos de Madrid. El frío cemento de las pilas helaba las manos de estas mujeres en las gélidas mañanas del invierno madrileño. Podían lavar también con agua caliente, puesta al fuego en unos fogones cercanos, pero costaba cinco céntimos el cubo y no estaban las economías de estas trabajadoras para tales «comodidades». Mientras las manos resistieran al frío y los sabañones inquietaran, picaran, pero no desesperaran se podían ahorrar esos cinco benditos y necesarios céntimos.

En la postguerra el Manzanares ya no era un río de aguas limpias para lavar la ropa; desaparecieron paulatinamente los lavaderos instalados junto a las fuentes públicas y de las orillas del aprendiz de río se fueron desmontando esas barracas, los postes para orear la ropa, el tinglado de la lavandería. El tiempo había acabado con un viejo oficio.

LAS CASTAÑERAS, GOLONDRINAS DEL OTOÑO, CON SU FRUTO CALIENTE EN LAS ESQUINAS

Llevo pegado a mis recuerdos infantiles el tufillo dulzón, incitante de aquellas castañas asadas. En la avenida de Peña Prieta, la señora Joaquina instalaba su puesto, su viejo horno fabricado sobre un bidón de hierro. Con una mano arrastraba el horno y con la otra un pequeño saquito de castañas, ella decía que las mejores de todas cuantas se vendían por las calles de Madrid:

—¡Asás! ¡Calentitas! ¡Castañas de Galicia!

Pero lo cierto es que se las compraba a un mayorista que tenía puesto en el mercado del Generalísimo. Y junto a las castañas asaba también boniatos y batatas, lo que imprimía un aroma todavía más dulzón al humo que se elevaba del horno portátil.

Cuando la señora Joaquina aparecía con su puesto de castañas era el tiempo de ponerse la bufanda y subirse las solapas del abrigo. Ella traía el frío. Era la viva estampa del frío, de aquellos inviernos de Madrid crudos como después no recuerdo que haya habido otros. Llevaba sobre la cabeza un pañuelo negro y sobre los hombros una gruesa toquilla ahumada de tanto vivir pegada al horno. Se tapaba las piernas con un plástico para guarecerse del frío, y para evitar que la escarcha se le colara por los agujeros que en las zapatillas de paño habían abierto los dichosos juanetes. Arropaba sus manos con guantes de lana parduscos y no dejaba de darle a la paleta moviendo y removiendo, dando la vuelta una y otra vez a las castañas, a veces inquietas, cantarinas cuando la navaja de la señora Joaquina no había producido en la cáscara la abertura suficiente.

La castañera de la avenida de Peña Prieta nos traía presagios de Navidad. A mí me parecía una figurita del belén, por eso nunca, en mis belenes infantiles faltó la figura de barro de una castañera que se parecía a la señora Joaquina.

Cuando desaparecía de su esquina, cuando un día tras otro la echábamos de menos es porque la primavera estaba empezando a rebullirse y quedaba poco tiempo para que volviéramos a arrinconar las bufandas y los abrigos.

Había otras castañeras en el barrio, pero la señora Joaquina se llevaba la palma a la hora de hacer clientela. Tenía un reclamo que nunca fallaba: después de apurar el cucurucho te depositaba otra castaña en la mano:

—Ésta, de propina, por ser un galán tan bueno.

Madrid estaba lleno de castañeras. En las esquinas, en los zaguanes, a la entrada de las bocas del Metro, junto a los quioscos de prensa, en las plazas. Eran las oscuras golondrinas que con el otoño volvían sus puestos a colgar del escaparate urbano. Eran el aliento cálido, remedio para las manos ateridas y también para calentar el estómago.

Aunque vendo castañas asás,
aguantando las lluvias y el frío,

con mi garbo y mis medias calás
soy la reina para mi querío.
Calentitas yo las vendo;
sin monedas se darán,
que a rumbosa no me ganan
las usías de gabán.

En Lavapiés tuvo fama durante el siglo XIX una castañera a la que llamaban la Geroma. Anciana, tenía buen humor, fiaba a quienes no llevaban dinero encima y regalaba castañas a los golfillos hambrientos y helados que perseguían a los hombres esperando que éstos arrojaran al suelo la colilla del cigarro para luego ellos aprovecharla. Dicen que despertaba ganas de comerlas:

—¡Dulces y calentitas!

Instalaba su puesto en el Rastro, en la calle del Ave María, o se iba hasta la Puerta del Sol. Las yemas de sus dedos eran un laberinto donde se confundían las huellas dactilares con los repetidos cortes de tanto usar la navaja para rajar las castañas. Sus clientes no eran sólo los chavales. A ella acudían los soguillas, los arrieros y las modistillas. Un día desapareció la Geroma. Unos dicen que murió de frío cuando se le apagó el horno de las castañas en una vieja y húmeda buhardilla de la calle de la Comadre; otros dicen que la metieron en un asilo porque hubo un invierno en el que sus manos parecieron cristalizarse, se volvieron tan torpes que no eran capaces de manejar la paleta.

Aunque hay una expresión muy castiza para devaluar un objeto (¡Eso es una castaña! ¡Eso no vale una castaña!) resulta que las castañas han sido uno de los frutos más preciados en todos los tiempos por los madrileños y las castañeras un monumento de carne y hueso al tipismo más costumbrista.

Las castañeras del siglo pasado tuvieron su ángel de la guardia. Era un señor empeñado en redimir las penurias de las mujeres ancianas que tenían que salir a la calle a ganarse el pan, hiciera frío o lloviese, con las escarchas y desafiando a las terribles nevadas que por aquellos inviernos aguantaba Madrid. Se llamaba Felipe Ducazcal, empleado en el menester de ayudar a las castañeras que ya por su edad no podían salir a ganarlo. También conseguía licencias para aquellas mujeres de otros oficios que por su edad o condiciones de precariedad física no podían seguir ejerciendo su trabajo pero sí dedicarse a la venta de castañas; además les regalaba una arroba del preciado fruto, el hornillo y el puchero.

Un sainete de don Ramón de la Cruz, titulado «Castañeras picadas» glosa la figura de estas mujeres. La protagonista del sainete se llama «Pintosilla», y canta:

> Al aire de mis fuelles
> y de mi garbo,
> el mayor edificio
> se viene abajo.
> ¡A mis castañas,
> que en Madrid no se comen
> más resaladas!

Y también en la escena nace otra castañera de postín, «hija» literaria de Carlos Arniches, la señá Ezequiela, un tanto descuidada al dejar a su marido al tanto del negocio mientras ella hace algunos recados, y se encuentra con que el gachó es un poco verde, de temple mujeriego y que regala más castañas que vende a las mocitas que se acercan hasta su horno, provocando la quiebra de ese negocio que la Ezequiela había sustentado tanto tiempo con el calor de su cuerpo y el escozor de los sabañones. Y el Matías, que es el mujeriego marido de la Ezequiela, se regodea encima:

Hoy me han dicho dos niñas
demimondentes,
denos usté dos perras
si están calientes.
Y yo las dije:
por mi salú,
como os pillara a solas
¡fu, fu, fu, fu!

Y el Matías le daba al fuelle con ganas, casi con bravura y entusiamo.

Las castañeras fueron resistiendo al paso del tiempo, aunque la figura tradicional se fue cambiando por otra más adaptada a los nuevos tiempos. Ya es difícil encontrar una vieja castañera a la antigua usanza; ahora, la mayoría son hombres, personas sin otro empleo y que por tal circunstancia obtienen del Ayuntamiento una licencia para vender el fruto caliente en las frías calles del invierno madrileño. Y hace algunos años el Ayuntamiento decidió acabar con la imagen galdosiana de aquellos hornillos y normalizar un modelo de carrito para la venta de castañas, un modelo que rompió la tradición y la figura de la querida castañera, redentora de nuestros inviernos infantiles y de nuestros románticos paseos adolescentes.

VENDEDORES DE MELONES, A CATA Y CALA, «¡DULCES COMO EL ARROPE!»

Si la llegada de la castañera era presagio de que los fríos del invierno andaban rondando las calles, cuando llegaba el melonero e instalaba su puesto en las aceras o en los terrizos, el fuego del verano estaba en la boca del tiempo. Recuerdo que de pequeño lo comentábamos en el colegio: «Ya está aquí el buen tiempo porque han venido los meloneros.»

No solía fallar. En las calles, sobre todo de los barrios más alejados del centro, los meloneros instalaban sus puestos, su «residencia» de verano ya que en ella habrían de pasar el día y la noche durante los tres meses de temporada. Puestos de tablas o de cañizo divididos en dos partes: uno para los melones y el otro para las sandías; en el centro, un pequeño pasillo donde el melonero se sentaba con la balanza; detrás, en el fondo del habitáculo, un camastro para reposar, si es que se podía, las sofocantes noches del estío madrileño.

Las sandías eran sólo de una clase; en los melones había más variedad: de Villaconejos, valencianos, «piel de sapo», «patateros» y de «tela de araña». Cada uno tenía sus peculiaridades. El rey de los melones era el de Villaconejos, alargado, de piel rayada, aguanoso y dulce por dentro, con un penetrante aroma y un sabor muy especial. Los valencianos tenían la piel verde oscura y gruesa, de carne dura y dulce servían para colgar en el invierno. Los de «piel de sapo» se acercaban mucho a los de Villaconejos, aunque la textura de su carne era más compacta y tenía menos dulzor. Los «patateros» eran casi blancos por fuera o amarillo limón; su carne era harinosa y con un dulzor que sin ser intenso tenía algo que les diferenciaba de otras clases. El de «tela de araña» era entre verde y amarillo por fuera y su piel parecía tejida por una araña. De carne aguanosa y de color calabaza, era muy apreciado por los madrileños.

De todos tenía el melonero en su puesto. A veces venían los camiones del reparto desgranando melones por cada uno de los puntos. Llegaban directamente desde las huertas del Tajuña, de San Martín de la Vega o de Aranjuez. Otras veces era el propio melonero el que acudía con su carro hasta las huertas para escoger el producto.

Sobre los montones colocaba unas tablillas pintadas de negro y en ellas escrito con tiza los precios y las calidades. A un lado, en un montón aparte, tenían los «tocados», aquéllos que se habían golpeado o tenían grietas y sobre los que el melonero ejercía una especial propaganda: «Ésos que se abren son los mejores. Tienen tanta azúcar que estallan. Los doy baratos porque tienen mala presencia, pero son los más dulces.»

El producto, como todos los productos que se vendían ambulantemente, era voceado por el melonero:

—¡Melones de Villaconejos, los mejores del mundo!

—¡Arrope, arrope puro!

—¡Al melón, al dulce melón!

—¡A cala y a cata!

Y es que la costumbre era probar el melón antes de comprarlo. Nadie se arriesgaba a llevarse uno sin antes haberlo abierto y probado. El melonero hacía cuatro incisiones en el centro del melón, siempre por el lado opuesto a la «cama» —zona del fruto asentado sobre la tierra— que era el más dulce, y extraía con el cuchillo una pequeña porción, un taquito de la carne jugosa del melón. El cliente lo probaba y si era de su agrado se llevaba la pieza.

—¡Sandías, se rajan sandías!

También las sandías eran sometidas a la prueba del cliente. En este caso la prueba no era de paladar sino de vista. Se rajaba la pieza por el centro. «Ésta es buena, oiga usted como raja», decía el melonero acompañando el sonido crujiente que se producía al perforar el cuchillo la sangre aguanosa de la sandía; después llegaba la prueba visual: por la raja se veía si estaba roja o pálida; si era dulce o sosa no importaba, la sandía tenía que estar roja, y punto.

Los meloneros que no habían conseguido licencia para instalar un puesto de temporada, vendían el producto de forma ambulante por los barrios. Iban con un carrito tirado por una mula vieja y apestada de moscas que acudían al olor sabroso de los melones maduros y después hacían parada y fonda en la panza o en el hocico del animal.

La vieja mula a veces no podía disimular su edad y sus fatigas, y las patas se le aflojaban, cayendo hundida en los caminos y volcando la mercancía de melones y sandías que rodaba por los suelos ante la ira y el desconsuelo del melonero.

El melón de Villaconejos era el más preciado, también el más caro. Había puestos que sólo se dedicaban a la venta de melones procedentes de la localidad madrileña. Hoy apenas queda nada de la simiente original que dio fama en toda España a esta especie. La semilla se sembraba en abril y el fruto se recogía en el mes de agosto. Los había de secano y de regadío. Los primeros eran más sabrosos. Los vecinos de Villaconejos acudían a sembrar la simiente de sus melones a los campos de Toledo, Badajoz, Cáceres, Ciudad Real y Sevilla.

Desde Villaconejos a Madrid, en tiempo de recolección del producto, se dirigían las caravanas de carros en larga hilera y alumbrándose con farolillos rojos. Dicen que iban juntos para defenderse de los asaltadores de caminos. El punto de destino era el de las Vistillas de San Francisco, auténtico mercado del melón al aire libre.

La Virgen melonera

Madrid tiene junto a la Ribera del Manzanares, en el camino que parte hacia la Extremadura, una Virgen llamada del Puerto, procedente de la localidad extremeña de Plasencia, a la que popularmente se le conoce como la Melonera.

Tiene el sobrenombre su origen en la romería que antaño se celebraba el 8 de septiembre en los alrededores de la ermita de la Virgen. Con tal motivo bajaban los meloneros desde su enclave de las Vistillas de San Francisco para vender aquel día los melones de Villaconejos a los romeros. Allí iban las modistillas y las que no lo eran a pedirle a la Virgen el novio que por el mes de junio San Antonio les había negado, y el mozo en cuestión siempre acompañaba su cortejo regalando a la hembra un melón de Villaconejos, y la que no tenía mozo ni nadie que le obsequiara con el dulce fruto, se lo compraba por sus propios medios, que no era de recibo volver de la romería de la Virgen del Puerto sin el melón.

Poco a poco la tradición se fue perdiendo, sobre todo cuando desde el Concejo se prohibió en el día de la romería de la Virgen del Puerto, vender melones en el entorno de la ermita, y a los meloneros se les impedía bajar con su producto desde las Vistillas de San Francisco. Pero a la Virgen del Puerto se le quedó el sobrenombre de «Melonera», y de la Melonera se celebran las fiestas en el distrito de Arganzuela en la primera semana del mes de septiembre.

Carlos Arniches y E. Montero dedicaron un sainete a estos productos y también a sus vendedores, «Sandías y melones», «sainete muy aplaudido en el Eslava», señalaba la propaganda de la obra.

En el año 1966, Juan Antonio Cabezas escribe un artículo en ABC: «Los vecinos de Madrid pueden estar tranquilos. Han aparecido en los periódicos dos de esas "buenas noticias", que para su espacio quisiera la televisión: el fin de las restricciones de agua y la subasta por el Ayuntamiento de puestos callejeros para la venta de melones. Dos elementos defensivos contra la canícula... A mí lo de los melones me conmueve. Estoy seguro de que si Virgilio hubiese vivido en el "Mageritum" carpetovetónico habría dedicado una de sus églogas inmortales a las silvestres y dulces curcubitáceas (vulgo melones). A esos tiernos balones de rugby que cada verano envía Villaconejos y otras huertas periféricas, bien repletos de jugos azucarados. Es tan madrileño esto que si a Madrid se le quita ese olor, ese ambiente campesino de melonar, pierde algo tan característico como la Cibeles o «La verbena de la Paloma». Hasta tal punto es esto una realidad física y positiva, que para calar o catar a Madrid, es decir, para conocer y gustar el meollo de su gracia castiza, urbana, hay que empezar por adquirir esa técnica de calar el melón.»

Con la comercialización del producto, denominaciones de origen, etiquetado y canales de distribución, los meloneros se fueron perdiendo en el desarrollo de Madrid, aunque todavía, cada verano, aparecen por las calles de algunos barrios, esos puestos de melones escasos ya en número, pero que siguen manteniendo viva la tradición aunque se haya perdido la buena costumbre de: «¡A cala y cata!» y ya no se rajen las sandias, por lo que el cliente tiene que confiar a la suerte el que el producto le salga en su punto.

LOS ORGANILLEROS, NOVIOS DEL CHOTÍS, SALSA VERBENERA

Hasta que no llegó a Madrid, en la mitad del siglo XIX, el organillo no adquirió rango de instrumento verbenero, pieza imprescindible en el espíritu del Madrid profundo, entrañable. Sin el organillo las verbenas no tendrían música ni los bailes notas embriagadoras. Dicen que el padre del organillo fue italiano y su abuelo escocés, porque el instrumento que antecedió al organillo fue construido en Italia por un cura, quizá intentando construir un órgano de mano, y descubrió que el organillo era el sonido cálido de las fiestas humildes. Y tuvo un abuelo que fue música, sólo música, y nació en Escocia: el schotís.

El 3 de noviembre de 1850 se celebra una fiesta en el Palacio Real de Madrid en la que se baila por primera vez en España el chotís. En la Villa se le empieza a denominar la «polca alemana» y los cronistas de la época lo definen como «un baile ceñido y lento, de origen extranjero, pero acabará identificándose con el espíritu de Madrid».

El chotís sale, poco a poco, de palacio, de los bailes de los nobles y de los hoteles y empieza a tocarse y a bailarse en los barrios más populares, en las verbenas.

A partir de entonces las verbenas se estremecían a vuelta de manubrio y los bailes vecinales empezaron a ser desgarrados hasta llegar a las entretelas del castizo cuando el organillo lanzaba al aire bullicioso del baile las notas del chotís retrechero.

Y para mover el organillo por verbenas, romerías y otros saraos nació la mano diestra del organillero. Con él nacía un personaje para el sainete y la zarzuela, nacía uno de los personajes más tradicionales de Madrid.

Para ser organillero era menester tener sangre de chotís y que el corazón vibrara a los compases de las vibraciones del organillo. Era preciso ser chuleta para darle al manubrio con el garbo postinero, para provocar al instrumento lo mejor de su vientre metálico y en su junto compás. Imprescindible la gorra de visera, el clavel en la solapa y, a ser posible, un engominado bigote. Se le exige destreza a la hora de dar vueltas al manubrio, que, depende cual fuere la habilidad del organillero, podría hacerse con la mano, con el pie y fundamentalmente con el codo, modo de formar una estampa pintoresca y chulapona. Después para rizar el rizo y que a nadie le quedara duda de que el diestro profesor del manubrio había nacido para ello, podía dar vueltas y sacar el mejor compás a las notas utilizando únicamente un dedo.

Hay un código del buen organillero: «Agárrese el manubrio por el pomo que de madera tiene, siempre entre los dedos índice y corazón de la mano, a ser posible la derecha, y enfrente del instrumento, mientras que la mano izquierda se apoya sobre la tapa para que los latidos del corazón se transmitan a las notas y así se halle mayor conjunción. Los músculos del organillero siempre habrán de estar relajados para que no se fatiguen y puedan tocar durante mucho rato sin que les venga el cansancio».

Durante la última mitad del siglo pasado y en los primeros veinte años del presente, los organilleros no eran personajes exclusivos de fiestas y verbenas. Había en Madrid un importante número de ellos y no podían vivir exclusivamente de la temporada lúdica, por mucho que ésta comenzara en mayo y acabara en septiembre con la Virgen Melonera. Por eso durante todo el año iban por los barrios, por las kermeses, bautizos y bodas con su organillo ambulante que transportaban en un viejo carrito generalmente tirado por una mula o un borriquillo.

Los primeros organillos se construyeron en Italia y eran de la marca «Luis Casali». A Salamanca llegaron procedentes de Caserta los organillos de los hermanos Apruzzese. Venían grabados ya con algunas piezas españolas, pues no hay que olvidar que el entresijo de este instrumento es un rulo, un cilindro de madera con las púas que contienen la melodía. La destreza consiste en adaptar la partitura y clavar en el tambor las 22.000 notas que desarrollan diez piezas reglamentarias de chotís o pasodobles. Y es menester clavar cada púa con pulso sin desviarse un solo milímetro, púas que seleccionan entre una hilera de martillos que a su vez tocan en las cuerdas del arpa que esconde el vientre del organillo.

Los hermanos Apruzzese conocieron al maestro Tomás Bretón y de él recibieron el ánimo para instalarse en Madrid, en la calle de San Andrés, donde pusieron su taller de construcción y reparación de organillos. Después toda una dinastía dedicada al menester de fabricar y conservar en buen estado el alma de Madrid que es el organillo sin el cual el chotís tocaría a duelo.

Los organilleros se ganaban la vida de forma ambulante. En ocasiones eran contratados para animar festejos o celebraciones, pero la mayoría de las veces recorrían los barrios, los merenderos, ventorros, bailes y reuniones vecinales para desgranar las notas de los chotís, las habaneras, las mazurcas o los pasodobles, y después pasar la gorra.

Era un trabajo agotador que requería andar y andar muchos kilómetros diariamente y dar miles y miles de vueltas acompasadas para arrancarle al instrumento toda la emoción hecha música. Sólo trabajando diez o doce horas diarias se podría amortizar las seis pesetas y dos reales que costaban cada día alquilar un organillo, pues escasos eran los organilleros que lo poseían en propiedad.

Los organilleros se convirtieron en los músicos de la calle más populares. Sus nombres sonaron por todos los confines de la Villa: «El Niño Bonito» y «El Carbonero» se movían por los ventorros de los Cuatro Caminos; «El Majuelo» y «El Murcia» se lo hacían en Lavapiés, rondando por las noches a las modistillas; «El Corbata» y «El Pollo Gris» bajaban hasta las Peñuelas y esperaban la salida de las cigarreras para brindarles un chotís y esperar a cambio unos céntimos; después estaban «El Niño de la Onda», «El Claveles» o «El Sordo», para llenar de dulzura el aire del Madrid castizo.

Y el organillero y el organillo se incorporaron rápidamente, sin dificultades, al sainete y a la zarzuela, porque eran elementos imprescindibles en la decoración de una estampa verbenera. En «¿Dónde vas con mantón de Manila?», el organillero se hace el artículo, la propaganda:

> Instrumento muy sencillo,
> pues su manejo es de modo

que hay quien toca el organillo
dando vueltas con el codo.
Desde el chico hasta el más grande
conocen sus maravillas;
su justa fama se expande
desde el Rastro a las Vistillas.
Buen amigo del que es rico,
del que nada tiene, ayuda;
y enemigo del borrico,
que al ir tirando de él, suda.
Sacó novio entre sus sones
la modista madrileña,
y no dejó sus canciones
ni cuando vio que había «leña».
Y el guardia municipal
—a quien jamás se veía—,
castizo, airoso, juncal,
al escucharle, salía.
Y hasta el cochero castizo
que dormía en el pescante,
se despertaba al hechizo
del son, y echaba «pa lante».
Y los que castizos son,
que ya bien pocos quedamos,
con cariño, corazón
y gusto le recordamos.
Que siempre fue el organillo
quien llevó dentro de sí,
claveteada en su rodillo
todo el alma de Madrí.

Dicen los cronistas de la época que los organilleros no fueron muy bien vistos por las autoridades municipales ni por otros trabajadores del gremio. Quizá tuvieron en otros músicos callejeros y en las orquestas de barrio a sus peores enemigos. Puede que estas circunstancias provocaran una campaña de desprestigio contra los organilleros, a los que se acusaba de tener entre sus filas a vagos, chulos y maleantes que vivían del cuento del organillo «quitando el pan a los músicos honrados y padres de familia». A partir de 1905 el Concejo puso fuertes impuestos a los organilleros. Quizá por eso en «El Bateo», éstos cantaban:

Somos los organilleros,
somos los pianistas de la capital
que nos declaramos en huelga
por necesidad.
...Y en las verbenas tendrán que suplir
nuestros giros de manubrio
por el arpa y el violín,
pero tenemos la seguridad
que hacemos falta, por necesidad.

La desaparición de los organilleros

Parece ser que en el año 1913 y víctimas de la «persecución» municipal a que habían sido sometidos, vía impuesto, desaparecieron la mayoría de los organilleros de Madrid. Por aquel entonces el Ayuntamiento les cobraba 500 pesetas por la licencia y en poco se dobló para que por el año 13 de este siglo la licencia costara 2.000 pesetas, algo que escapaba a las posibilidades de estos músicos humildes. Sin embargo, durante la dictadura de Primo de Rivera, Juan Villarín comenta que «los pianos de manubrio, los organillos, se agrupaban en las exiguas competencias de cuatro fabricantes, ocho alquiladores y otros tantos depositarios. El más popular de los comerciantes relacionado con esta institución musical callejera era Apruzzese, que estaba domiciliado en el número 9 de la Carrera de San Francisco. En Ave María, 50, y en la Costanilla de San Pedro, 8, había otros dos fabricantes. Los organillos, sin embargo, se alquilaban en Juanelo, Salitre, Abades, Dos Hermanas, Palma, Mesonero Romanos o en la calle de las Aguas».

Los dos organilleros de hoy

En la postguerra los organillos y los organilleros cayeron en desuso, salvo contados casos. Con la llegada de la democracia y la revitalización del costumbrismo madrileño, con la vuelta al jolgorio de las verbenas y los festejos populares, los viejos organilleros cobraron vida, resucitados los organillos del olvido, desvencijados algunos y con los rodillos maltrechos otros, volvieron a orear su rancio olor a barniz por las calles del viejo Madrid. Lamentablemente quedaban pocos y muchos de ellos no eran otra cosa que piezas de museo, instrumentos mudos, partidos por el tiempo y el abandono, testigos inertes de un Madrid esplendoroso en su sentido lúdico. Algunos fueron recompuestos, afinados, restaurados, y el chotís, la mazurca y el pasodoble volvieron a endulzar verbenas, a despertar alientos costumbristas, a poner emoción y la carne de gallina en el chulapo que volvía a bailar sobre una baldosa.

Dos organilleros de postín colorean de tipismo las calles y verbenas en estos tiempos. Puede que sean los últimos organilleros, porque el oficio no es rentable y porque comprar un nuevo organillo puede costar más de un millón de pesetas. Son dos organilleros bien distintos. Uno de ellos es el maestro Izquierdo, sin cuya presencia y ánimo cualquier verbena o fiesta castiza no tiene color. El maestro Izquierdo, que le da al manubrio con el codo o lo mueve con un dedo, tiene toda la figura del organillero de sainete: bigote espeso, lentes redondas de varilla de pasta, camisa blanca, chaleco negro, pantalón ajustado, parpusa y safo, clavel reventón en la solapa y en la otra una insignia del oso y el madroño que le puso el propio profesor Enrique Tierno cuando era alcalde de esta Villa. Nadie le conoce por su nombre, sólo por su condición, por su caché y por su apellido: el maestro Izquierdo.

El otro es un viejo organillero ambulante. Ha rebasado largamente los setenta años y lleva sobre un carrito que él mismo tira, un organillo pequeño. Se llama Mariano, tiene los ojos tan pequeños que parece no tenerlos. Le faltan los dientes pero no el alma que pone en cada pieza. Su mujer dice que está expuesto a la calle, a lo que de él quieran hacer, porque apenas oye y casi no habla, tiene dificultades; sólo es diestro en darle al manubrio y en pasar su gorrilla de cuadros. Enjuto, inquieto, incansable en su caminar diario desde Vallecas a la Puerta del Sol, al Rastro o a la plaza de toros de las Ventas. Un día de invierno entró a calentarse el cuerpo con un café. El termómetro se había vuelto severo en la Puerta del Sol y marcaba dos grados bajo cero. A Mariano se le estaban agarrotando las manos hasta confundirse casi en una pieza con el manubrio.

Y mientras tomaba café alguien le quitó el organillo, su viejo organillo, la prolongación de su vida, el sustento del bolsillo y del alma. Mariano no dijo nada. Miró al cielo y se puso a llorar. Gemía. Los que le encontraron en la Puerta del Sol, tembloroso, sin saber qué hacer, dicen que gemía y que su arrugada cara se le humedecía con el agua de sus ojos, porque ésta vez sí Mariano abrió los ojos, sus pequeños ojos, para mirar hacia el infinito y llorar bajo el frío de Madrid.

Hice una gestión personal con el entonces alcalde Agustín Rodríguez Sahagún y él la hizo con el concejal de Cultura, Joaquín Álvarez de Toledo, para comprarle un nuevo organillo a Mariano. A punto estaba de producirse la compra cuando el viejo organillo del viejo organillero apareció de forma tan inverosímil como había desaparecido. Dicen que Mariano volvió a llorar abrazado a su máquina de tocar chotís, a su corazón de música, y desde entonces sigue saliendo cada mañana y cada tarde a repartir notas castizas por los barrios de Madrid a cambio de la voluntad que, la verdad, suele ser más bien cicatera.

Uno de los organilleros de mayor postín, mejores hechuras y más «recalcao», Cayetano «El Posturas», llamaba piano al organillo y hacía una advertencia: «El piano, aunque sea de lejos, tiene que oírlo la estatua de Cascorro.» Y ahora Cascorro está sordo por el ruido del Rastro y porque el organillo sólo toca en las fiestas de San Cayetano y La Paloma.

LAS MODISTILLAS, ARTESANAS DEL PESPUNTE Y DEVOTAS DE SAN ANTONIO

Las modistillas no dudaron nunca que teniendo como patrón a San Antonio de Padua, tendrían la protección del santo para que no les faltara costura en los viejos talleres de Lavapiés, donde mientras trabajaban, deshilvanaban, cosían botones y entregaban la ropa al cliente, aprendían el oficio de modista sin otro emolumento, la mayoría de las veces, que la propina de la señora que acudía a probarse y las clases gratis a cargo de la maestra. Y también confiaron al santo la suerte para encontrar novio. Por eso ellas, las modistillas, convirtieron a San Antonio en el más casamentero de todos cuantos ocupan el santoral, pues llegado el 13 de junio y coincidiendo con «la primera verbena que Dios envía, es la de San Antonio de la Florida», bajaban con sus mantoncillos de talle, sus pañuelos a la cabeza y sus alfileres para depositar en la pila bautismal de la ermita de la Florida, coronada por los frescos que pintara el maestro Goya, y si esos alfileres se quedaban clavados en los dedos de las mozas, es que el amor iba a prender pronto en sus corazones y un novio les estaba esperando ya a la vuelta de la esquina. Luego, las que no conseguían el favor de San Antonio en junio, repetían en septiembre —como los estudiantes— llegada la festividad de la Virgen del Puerto —La Melonera—, a cuya ermita acudían en romería para solicitarle también novio a Nuestra Señora.

San Antonio bendito,
¡Ay, San Antonio,
aunque sea de trapo
danos un novio!
¡Anda, Antoñito,
mira que ya hace tiempo
lo necesito!

(De la farsa cómico-lírica «Muñecos de Trapo»)

En 1894 se estrenaba en el teatro Apolo «San Antonio de la Florida», con un libro de Eusebio Sierra y música del maestro Albéniz:

Amor de mis amores,
bien de mi vida,
¡bendito San Antonio
de la Florida!
¡Bendito el Santo
que seca de mis ojos
el triste llanto!

El santo de los novios
les dio la vida.
¡Bendito San Antonio
de la Florida!

¡Bendito el Santo,
que seca de tus ojos
el triste llanto!

Se ha dicho que la modistilla es la que mejor ha representado siempre el espíritu y la personalidad de la mujer de Madrid, esa mujer madrileña retratada el siglo pasado por el cronista Pascual Madoz: «Su finura, su elegancia, su gracia en el vestir, sus artes de recreo, sus talentos de sociedad, sus estudiadas maneras para presentarse y agradar, la perfección con que cantan, bailan, hablan y seducen, y el acierto con que saben hermanar la gracia nacional a la extranjera, forman un tipo especial madrileño, que jamás se confunde con el de otras provincias de España.»

Y si las modistillas buscan novio por San Antonio, durante todo el año tienen un novio llamado chotís que las alaba, endulza, agarra «bien agarrás» y las encamela:

Nacida en el Madrid de la Bombilla,
de Embajadores y de la Cava,
yo soy la pinturera modistilla
que baila el chotís como el que lava.

Llegada la festividad del 13 de junio, bajaban las modistillas para oír misa en la ermita del Santo. Por un día se daba respiro a los alfileres y a las agujas que descansaban en los acericos; se quedaban las costuras a medio hilvanar y los pespuntes inconclusos; descansaban los dedales y la tiza de marcar guardaba silencio en el interior del oscuro tallercito de costura, porque las modistillas se habían engalanado muy de mañana para acudir a la cita con el patrón:

Ya bajan por la cuesta
de San Vicente
doncellas y mancebos
cantando alegres;
ya el pueblo invade
la florida ribera
del Manzanares.
Repican las campanas
de San Antonio
y el templo abre sus puertas
a los devotos...
¡Bendito sea
el patrón de los niños
y las doncellas!

Tras el rito, por la tarde, la verbena en la Florida y después la merienda, la limoná y la cena, el baile y el flirteo en La Bombilla, en las inmediaciones de la ermita, paraje castizo, sainetesco, lleno de raigambre, con veladores y mesas de tijera, con botas, porrones y agua, azucarillo y aguardiente, alumbrado con cientos de bombillas que desvelaban sonrisas picaronas y algún que otro amor incipiente de la modistilla que al día siguiente volvería a sus labores de la brega con el hilo, las costuras, los pliegues y las sisas llevando en sus labios un beso furtivo; en sus oídos un piropo castizo («¡Olé, preciosa, que es usted más bonita que una noche de bodas!»), y en sus ojos una mirada de amor bajo la luz tenue de La Bombi, donde el polvo del piso se pegaba a la garganta y hacía una especie de masa con el humo de la fritanga de churros hasta hacer preciso un buen trago de limoná «pa que pase la calentura y la carraspera de la noche».

Juan Antonio Cabezas escribía del rito de ese 13 de

junio: «¡Gracioso gremio el de la aguja! Hay que estar a prueba de supersticiones, como lo están ellas, para ir de romería a la ribera... Las productoras madrileñas de la aguja allí acuden, confiadas en que el santo continúe haciendo milagros de amor humano a las orillas del Manzanares... Hoy serán muchas las modistillas que, pese al martes y trece, bajarán a la ermita, rezarán al santo y con cada ojo así, esperarán el milagro.»

—¿Has visto a la Chon?

—No, ¿qué le pasa?

—Na, que este año viene con falda de céfiro y el pañuelo de crespón.

—Como todos los años.

—¡Quiá! Que este año se ha engalanao más de la cuenta porque está segura de que por fin el santo le dará novio... Anda encaprichá de un hortera de Mesón de Paredes.

—Me han dicho que se ven todas las tardes en la plaza de Lavapiés, que él la espera a la salida del taller de la Patro, en la calle del Olivar.

—Yo creo que este año, si el santo no se lo consigue, puede romper la baraja con él, porque se está haciendo vieja de tanto esperar, que ésa lleva más de veinte bajadas a la ermita...

—Calla, Paloma, no mientes la soga en la casa del ahorcado, que nosotrs tampoco andamos faltas de años.

—No compares, mujer.

—Toca madera, que me desvelo por las noches pensando que me voy a quedar pa vestir santos.

—¿Y a ti que más te da?, que siendo como eres una de las modistillas más afamás de Lavapiés, lo de vestir santos se te daría canela en rama.

—¡Anda!, calla ya y vamos pa San Antonio que ya me pinchan los alfileres en la faldriquera.

Una mazurca de la zarzuela «Luisa Fernanda» tiene como protagonistas a un grupo de modistillas que cantan en La Florida:

A San Antonio
como es un santo
casamentero,
pidiendo matrimonio
le agobian tanto,
que yo no quiero
pedirle al Santo
más que un amor sincero.

Y los mozos que están en disposición de que el Santo les «asigne» chica, responden:

Yo, señorita,
que soy soltero
y enamorado,
la veo tan bonita
que soy sincero
y estoy pasmado
de que un soltero
no lleve usté a su lado.

Y en «Las Leandras», también aparecen las modistillas cantando una preciosa y popular habanera:

Llévame a la verbena de San Antonio
que por ser la primera no hay que faltar.
Juntos, que parezcamos un matrimonio
no haga el demonio
que una chulapa me amargue el día de San Antonio
porque le guste coquetear.

Las modistillas eran asiduas visitadoras de La Bombilla. Allí acudían a divertirse y a charlar sobre costura y patrones, sobre modas y patronas. Velasco Zazo dice de La Bombilla que era un espacio de jolgorio con dos aspectos distintos: el de la tarde y el nocturno y picaresco. «No se veían en las horas de la noche los soldados y menestrales, las modistillas y las criadas; bajaban luego las mocitas pintureras y los señoritos rumbosos, las mujeres vistosas y los hombres majos, los enamorados y los artistas.»

Los tiempos pasan y las tradiciones nunca mueren, quizá en determinadas épocas se aletargan pero permanecen vivas. Ya no hay modistillas, es cierto, ya no existen aquellos talleres de costura donde las chicas con trece y catorce años entraban de aprendizas, recogían los hilos, deshilvanaban, barrían el taller e iban a entregar la ropa confeccionada; chicas que iban aprendiendo el oficio a pie de obra, a pie de costura y se convertían en modistas y como modistillas presumían de su rango en las verbenas. Ahora los pequeños talleres de costura han dado paso a las grandes cadenas de confección, a las modistillas de uniforme, jornada laboral de siete horas y maquinaria sofisticada. A pesar de todo, cuando amanece el 13 de junio, ellas, las chicas dedicadas a la confección de ropa, las modistillas de ahora y otras que sin serlo son celosas de pasadas tradiciones, bajan hasta la ermita de San Antonio de la Florida para cumplir con la tradición, para aprovechar la festividad y pedirle al santo un novio, que quizá más tarde encuentren en una discoteca, tomando una copa o paseando por la primera verbena que Dios envía, que no es otra que la de San Antonio de la Florida, cerca de La Bombilla.

LOS HERRADORES, LA CLASE POPULAR Y CASTIZA DE LOS CHISPEROS

Los herradores, los herreros, llegaron a constituir uno de los gremios más importantes en el Madrid antiguo. En tiempos de Carlos III pasaban de doscientos reconocidos en toda la Villa y formaron también una clase popular, una especie de «aristocracia del barrio», fueron los chisperos.

El «Fuero de Madrid», de 1202, en su artículo LXXVIII se ocupa de los «Herreros de azada», y dice: «El herrero que ajustare azadas hágalo a un maravedí por doce; y si cobrase más, pague un maravedí a los fiadores. El herrero que forjase herraduras, caballares y mulares, a maravedí por treinta y un pares; las asnales, a maravedí los sesenta pares. Todo herrero, que no trabajara a esta tasa, pague un maravedí diario cuando días no trabajare.»

Si los «manolos» eran de Lavapiés, porque Manuel era el nombre obligado de todos los primogénitos de los judíos conversos y Lavapiés fue la judería; si los «majos» habitaban en el barrio de Maravillas, los «chisperos» vivían en la zona de Barquillo, vivían y trabajaban desde el siglo XVII y en el XVIII alcanzaron su mayor esplendor como consecuencia de instalarse un importante número de herrerías en los desmontes que ahora ocupan las Salesas. De ellos dice el extraordinario escritor Francisco Azorín: «Sabían colocarse bien la chupa y la redecilla; además de manejar excelentemente el martinete, conocer los secretos de la fragua y estar familiarizados con el fuego, supieron trabajar muy bien la madera y, a veces, sintieron la afición taurina; fueron, asiduamente, sobresalientes guardaespaldas de políticos; vividores de timos; guapos de garitos y mancebías y hasta de fáciles duquesas; dominaron siempre, en su expresión, el desparpajo.»

No tenían desperdicio los chisperos y dicen que cuando coincidían con los «manolos» y los «majos» en las verbenas, rara era la ocasión donde no disputaban su prepotencia, su chulería y terminaban a mamporro limpio, ya fuera en la verbena de San Antonio o cuando se acercaban a la del Carmen, en Chamberí.

Los chisperos se jactaban de ser una clase valiente, quizá su diario contacto con la fragua, su destreza en doblegar hierros, les hacía creerse hechos de un material resistente y en consecuencia de un aire bravucón y pendenciero. Cuentan que cuando de defender su hacienda se trataba, daban su sangre si era preciso y así lo demostraron con ocasión de la entrada en Madrid de las tropas de Napoleón; los chisperos lucharon bravamente contra el invasor por la puerta de Recoletos y en el portillo de Santa Bárbara. Cuenta Azorín que también las hembras de estos hombres eran de armas tomar, y que paseando el general Legrand, hombre de confianza de Napoleón por una calle del barrio, «unas chisperas, desde un balcón, arrojaron un tiesto de claveles, que le abrió la cabeza y cubrió de flores su cadáver».

Los herreros también escribieron su nombre en la

historia, y en el caso que les voy a referir, en la historia de la milagrería de la Villa y Corte:

Corría el siglo XVII cuando en la calle de la Cruz existía un taller de herrería que regentaba y trabajaba Blas Nieto. Acostumbrado estaba el chispero a pelearse con las llamas y con la fragua, pero eso no impidió que un mal día Blas martilleara el hierro incandescente sobre el yunque con tal saña que las chispas salpicaron el espacio y fueron a estallarse en el rostro, abrasando sus ojos. Tal sería la sorpresa y especialmente el dolor, que el herrero cayó desplomado. Pronto acudieron en su auxilio algunos ayudantes que presenciaron la estremecedora escena de un hombre cuyo rostro estaba abrasado. Intentando aliviarle el dolor, le aplicaron sobre la cara y los ojos una venda con un emplaste. Hizo su efecto esta solución doméstica y las llagas producidas por las quemaduras fueron sanando con el tiempo, pero la vista era irrecuperable porque las chispas habían abrasado los ojos.

Después de permanecer cuarenta y cinco días en cama, más atribulado por la angustia de no ver que por el dolor de las heridas, quiso levantarse para acudir a oír misa a la iglesia del Hospital General, pues el chispero era devoto de la Virgen de los Pobres. Se hizo acompañar hasta el templo por una doncella.

Blas Nieto se puso en pie cuando llegó el momento de la Eucaristía y pidió a uno de los hermanos que le condujera hasta la lámpara de la Virgen. Allí, ante el asombro de los presentes, el herrero metió sus manos en el aceite y se ungió los ojos huérfanos de luz al tiempo que pedía a la Virgen por su porvenir, pues si la vista le seguía faltando y no podía vivir de la fragua se veía condenado a la mendicidad de por vida. «Mucho me fío de vos y a mucho me atrevo. Los ojos que perdí os pido, si me conviene, y si no los que he menester para verme y salvarme.»

Poco después, Blas abría los ojos y comprobó todo cuanto había a su alrededor. Era el milagro del herrero de la calle de la Cruz.

Los chisperos acudían por las tardes al paseo de los Pontones, tradicional lugar de reunión de los tratantes de caballerías. Aguardaban a que se formalizaran los tratos y después se ofrecían para herrar al jamelgo recién adquirido o para reparar carros, carretas, reforzar ejes y radios o perfilar yuntas. El herraje era su principal fuente de trabajo, pero también fabricaban rejas, ventanas, llaves, picos y toda clase de herramientas.

Mesonero Romanos cita que en la mitad del siglo XIX había en Madrid 57 fábricas y talleres de herrería. Pero a medida que el sector se industrializa y, sobre todo que la caballería deja de ser un instrumento de trabajo y de transporte y las herraduras se convierten únicamente en amuletos de buena suerte, el gremio de los herreros va desapareciendo. En los años veinte ya sólo quedaban en Madrid once herrerías.

Dicen quienes tienen la buena costumbre de caminar Madrid con la vista puesta en las alturas y no en el encintado, que las fachadas sorprenden con una variedad de cerrajería que para sí quisieran muchos pueblos de Andalucía. Y es cierto que quedan en los viejos balcones del Madrid antiguo muestras de bellas forjas: balaustradas de balcones, rejas de ventanas, guardapiés, todo un museo de la cerrajería al aire libre y que tuvo a sus artistas, a los maestros, en las herrerías de la calle de Barquillo, en el barrio de los chisperos. Hay barrios donde la forja dibuja arabescos y graciosos ribetes sobre ventanas y balcones. Paséese la calle Mayor y mírese hacia lo alto, o el barrio de los Jerónimos, también los bulevares y no digamos ya la forja de lujo del barrio de Salamanca.

Algo tenía que reconocerle Madrid a este gremio ya desaparecido, y con el nombre de Herradores hay una plazuela que ya existía físicamente en el año 1739. En esta plaza colocaban los herradores sus negocios ambulantes, los que no estaban establecidos en la calle de Barquillo. En la plazuela ponían sus bancos los herradores de caballerías para herrar sobre el terreno. Pero las molestias vecinales por la aglomeración de bestias y el ensordecedor sonido metálico que producían los herradores llegaron hasta oídos del rey Felipe V, quien ordenó que se fueran de allí los herradores, aunque a la plazuela le quedó el nombre del gremio.

EL CREPITANTE SONIDO Y EL PENETRANTE AROMA QUE PERFUMABA LAS TIENDAS DE GALLINEJAS

¿Qué hubiera sido de aquellas verbenas de antaño sin el olor a fritanga de churros y gallinejas? Los clásicos del costumbrismo afirmaban que la albahaca era la flor y el olor de las verbenas. No estoy de acuerdo. No podía haber aroma a fiesta si el pastoso aire de la canícula madrileña, desde San Juan a la Paloma, no se hubiera aromatizado con el grasiento tufillo de los churros dorados en el aceite hirviendo, churros que eran como lacitos verbeneros para lucir en el paquete de papel de estraza y para saborear después con un sorbito de agua de cebada o un chupito de anís. Y no podía haber aroma ni sabor a verbena sin esas barracas de madera donde una mujer, generalmente metida en grasas, de impoluto delantal y cofia bien cogida, desmadejaba sobre grandes sartenes bien colmadas de aceite de oliva, las gallinejas, las negras, los entresijos y las tiras, todo ello despojos del cordero, manjar de paladares de un dios menor, alimento de humildes que supieron sacar a esos desperdicios de las reses un plato delicioso, típicamente madrileño y verbenero.

Hubo un tiempo en el que las freidurías abundaban por los barrios del viejo Madrid y también algunas se establecieron en los suburbios, pero en las verbenas, allá donde se instalaran éstas no podían faltar las barracas destinadas a freidurías en las que las gallinejas se convertían en el mejor de los manjares y los freidores resultaban ser cotizados porque freír, sazonar y dorar los despojos intestinales del cordero requieren una especial sabiduría, casi un toque artesanal.

El Rastro, hoy escaparate variopinto al aire libre, mercado antiguo y tradicional donde antes las cosas costaban muy poco por ser viejas y donde ahora cuestan mucho por ser antiguas, fue en su origen mercado de reses donde los más humildes acudían a por los despojos que obtenían de forma gratuita. Ya en 1611 Covarrubias Orozco escribe: «El lugar donde se matan los carneros dicho por otro nombre arábigo xerquería. Dixose rastro porque los llevaban arrastrando, desde el corral a los palos, donde los degüellan, y por el rastro que dexan se le dio este nombre al lugar.»

Allí iban muy temprano los que conducían las reses para ser sacrificadas en este punto, aquéllos que compraban la carne y los que esperaban al «maná» de los despojos: asaduras, tripas, sesos, pulmones, gallinejas, criadillas y mollejas.

Y de los despojos el más preciado y demandado eran las gallinejas, que pronto dejaron de ser un producto de distribución gratuita para venderlas a menos precio que la carne, pero como una parte más del despiece de la res y que después se vendían fritas o asadas en las barracas de freiduría, junto a barricas de vino.

La receta más antigua que se conoce de este producto es el de las gallinejas al estilo de las Ventas del Espíritu Santo, quizá porque en esa zona de Madrid existían un buen número de freidurías y sus vecinos eran consumados maestros en el arte de prepararlas. La receta era muy simple: se parten las gallinejas en trozos que sean de apreciable tamaño y se lavan muy escrupulosamente, dándole varias aguas y mejor si se dejan sumergidas hasta el día siguiente y se las vuelve a lavar varias veces. Después se fríen en aceite hirviendo y se sazonan con sal, una cucharada de pimentón dulce y un poco de pimentón picante.

Las que se vendían en verbenas y freidurías de otros barrios de Madrid estaban huérfanas del pimentón y el único ingrediente era la sal, eso sí, derramada generosamente sobre las gallinejas. Que se caracterizaran por su fuerte olor y que el aire de las verbenas se impregnara de ese tufillo a fritanga tenía la culpa el que como consecuencia de la escasez de aceite se freían con sebo.

Durante la dictadura de Primo de Rivera, en aquel Madrid que comenzaba a ver la decadencia de la mano de obra, de los oficios antiguos, que veía cómo se le escapaban las tradiciones por entre los dedos del desarrollismo, aún existían doscientas mondonguerías donde se podían comprar los despojos de las reses y seis freidurías gozaban de fama por las ricas gallinejas, entresijos y tiras que despachaban, estaban en la calle Toledo, 145; Amaniel, 27; Salitre, 9; Ronda de Segovia, 23; Mediodía Grande, 7 y Embajadores, 53.

Cuentan las crónicas de la época que los truhanes, saltaban las tapias del matadero para robar las tripas de las reses y también los despojos con el ánimo de venderlos después en las freidurías y sacar sus buenos cuartos.

Lugar de las Vistilllas. Por la Virgen de la Paloma

los aires de verbena alteran el agosto madrileño. Hay bailes también en los patios de vecindad. La limonada corre generosa, redime gargantas sedientas y pone chispas en los corazones castizos:

—Está usted hoy más bonita que un duro de plata nuevo, Almudena.

—Y usted más echao pa'lante que el rabo de una sartén.

—¡Válgame qué hechuras, ni el mejor sastre!

—Deje ya de hacerme el artículo, Cayetano, que se va a quedar sin fuerzas de tanto derrochar labia.

—Es que es usted más bonita que una noche de bodas.

—Para sí la quisiera usted conmigo.

—Perdería la cabeza, el reloj y hasta el seso... ¿Se viene usted a bailar con mi menda a las Vistillas?

—Se va usted a marear si le digo que sí.

—Pues si me mareo me echa su aliento y vuelvo en mí más pronto que se persigna un cura loco.

—Es que esta gachí no tié el cuerpo pa más bailes, que desde que empezó San Cayetano y luego le siguió San Lorenzo no sé qué es reposar y darle descanso al cuerpo.

—No es menester cansarse en un baile. Para mí es suficiente que usted se digne en ir del brazo de este baranda y comernos unos churros y regarlos con el agua, el azucarillo y un chispacito de aguardiente...

—Los churros me repiten y el aguardiente me pone demasiao pisporeta y luego no soy dueña de mí.

—Pues yo seré su dueño, guapeza.

—Y usted que se lo ha creído...

—O puedo invitarla a un bocadillo de gallinejas.

—¿Bien fritas y mejor puestas de sal?

—Para sal, la que a usted le sobra por arrobas.

Como usted las quiera prenda, que si le gustan bien fritas, yo mismo meteré las manos en el aceite pa que no se escapen antes de que estén al gusto de vuestra guapeza.

—Pues vamos a las Vistillas.

—Cójase de mi brazo.

—Sin pasarse, señor Cayetano, que un bocadillo de gallinejas por mucho manjar que sea no vale las confianzas que usted quiere tomarse.

—Lo que usted diga, Almudena...

BENITO EL «GALLINEJAS», EL CONCEJAL CASTIZO

Benito Martín fue concejal del Ayuntamiento de Madrid siendo alcalde de la Villa Enrique Tierno Galván. Benito, que había nacido en Lavapiés, tuvo una freiduría en sus años mozos y en el barrio se le conocía cariñosamente con el apodo de «El Gallinejas». Llevaba a gala haber desempeñado este oficio y se sentía orgulloso de conocer todos los secretos para preparar unas buenas gallinejas. Contaba que a su freiduría habían acudido personajes importantes y lo más escogido de la crema castiza.

Enrique Tierno le encomendó la junta municipal del distrito Centro, cargo que ilusionó a Benito porque para él nada había más hermoso en ese mundo de la política al que había llegado accidentalmente que ser el «alcalde» de su barrio, y el distrito Centro había sido su cuna, el ambiente de su mocedad y el sitio de trabajo en esa tienda de gallinejas, entresijos y otros productos procedentes de la casquería.

Y siendo Benito Martín presidente de la Junta de Centro fue a verle una persona en nombre del alcalde.

Era el organizador de una exposición de canarios que deseaba celebrar en la plaza Mayor. Benito le recibió en su despacho de la Casa de la Carnicería:

—Usted, dirá...

—Mire vengo de parte de don Enrique Tierno. Queremos celebrar en Madrid una exposición de canaricultura.

—¿Cómo dice?

—Una exposición de pájaros, de canarios.

—¡Ah, ya!, ya...

—El alcalde nos ha enviado a usted porque es la persona que tiene que concedernos el permiso...

—Pues nada, por mí no hay problema, lo que diga don Enrique. ¿Y dónde quieren ustedes poner esa feria?

—Bueno, no es una feria, es una exposición. Nos gustaría que fuera en la plaza Mayor, en un esquinazo. Tendríamos que ver las jaulas que nos caben, que podemos poner.

—Yo no puedo decirles las jaulas que caben, sí puedo decirles los pajaritos fritos que caben en una sartén porque los he vendido cuando tenía la tienda de gallinejas...

No hicieron falta más palabras. El hombre se levantó entre asustado y confundido, y más confundido quedó Benito Martín. Él no había hecho ni dicho otra cosa que lo que le dictaba la voz de la experiencia: medir los pajaritos por la capacidad de la sartén.

Desgraciadamente Benito «El Gallinejas», el entrañable Benito que algunos malévolos aseguraban olía permanentemente a fritanga de tantos años dedicado a la freiduría, falleció pocos meses después.

Freidurías de hoy en día

Cuando las gallinejas parecían haber muerto, presas de un nuevo hábito de consumo, han vuelto con fuerza a las verbenas. Y en las barracas donde se despachan churros y buñuelos se fríen gallinejas y entresijos que alternan en el mostrador y en los carteles con los pinchos morunos, los pinchos de morcilla y chorizo, los perritos calientes y las hamburguesas.

Por mucho que otros productos se hayan subido al carro de la moda, por más que las gallinejas hayan perdido su papel importante en la gastronomía festiva de Madrid, nadie ha podido quitarles su penetrable olor que es el mejor reclamo, aroma inconfundible de que la verbena sigue viva y también señal inequívoca de que el alma de Madrid se está oreando en una sartén con aceite hirviendo.

Aún quedan en la villa y corte freidurías. Una en la calle de la Arganzuela, que perfuma de olor a sebo derretido toda la calle y pone sonido crepitante procedente de la sartén. Se pueden comprar en bocadillos, en cucuruchos o consumirlas allí mismo. Otro establecimiento se encuentra en la calle de Mesón de Paredes y también en la de Embajadores, viejos o renovados establecimientos con aroma a bocadillo de verbena.

COCHEROS, CALESEROS, CONDUCTORES DEL ROMANTICISMO

Una de las estampas más entrañables que guardo del Madrid antiguo es una fotografía del singular Alfonso —nadie ha sido capaz nunca de retratar a esta Villa y a sus personajes como este histórico personaje, al que tantos literatos y políticos evocaron y compartieron horas de estudio—, es la fotografía de 1920, en la que un cochero lee un periódico —¿probablemente «El Debate»— sentado en el pescante del simón, mientras espera al cliente que permita quitar el cartel de «libre» que exhibe junto al faro de su carruaje.

Debió haber sido tomada la foto en uno de esos días crudos del invierno madrileño, porque el cochero, avanzado de edad, se cubre con un gabán de solapas alzadas abrazando su cuello, mientras arropa sus piernas con una gruesa manta de lana a cuadros. Está el simón aparcado en un punto de alquiler de coches y el vaho que exhala la mula es otro indicio de la rigurosa temperatura del invierno.

El cochero se toca con gorra de plato de visera de charol y cinta brillante. Parece apreciársele un número, quizá el correspondiente a su licencia para ejercer este oficio que durante siglos fue sustento de familias y estampa abigarrada del Madrid de calles adoquinadas donde el paso de los carruajes, con sus ruedas forradas de hierro, provocaban un espasmo del que salían chispas y un estruendo capaz de atormentar los oídos de los durmientes, lo que ocasionó más de una protesta ante el Concejo, aunque bien poco podía hacerse porque o se cambiaba el empedrado por otra superficie menos accidentada o se dotaba a los carruajes de cubiertas de goma, cuestión que parecía ser harto difícil.

Coches para todos los gustos y posibilidades. De dos o más plazas, tirados por uno o dos caballos, cuando no mulas retozonas y cansinas. Fueron los llamados simones los más populares y los que hicieron servicios de taxi hasta que apareció el invento de los coches de tracción mecánica. Y se les conocía como simones porque fue un gallego, Simón Tomé, quien en el siglo XVIII introdujo en Madrid este tipo de carruajes de paseo y posteriormente montó una fábrica para construirlos.

Aquellos viejos cacharros estuvieron siempre en la picota, sobre todo por el ruido que producía su circulación, que desde luego no era el rugido de motores de los coches que vendrían después; también por la contaminación, que lejos de ser monóxido de carbono, era una estela de boñigas dejada por las caballerías.

La primera referencia que encuentro sobre el establecimiento de coches de caballos en Madrid destinados al transporte público data de 1542. Se cuenta entonces que hasta el reinado de Carlos I las damas debían ir montadas sobre mulas, bien de su propiedad o alquiladas, y en caballos. Y aseguran que la aparición de los primeros carros cubiertos se debió a la necesidad de atender las peticiones de la clase femenina de viajar en condiciones más cómodas y confortables que a lomos de las caballerías, lo que es de dudosa credibilidad porque en aquellos tiempos no parece que la dedicación y atención a la mujer fuera una norma de conducta en la sociedad machista.

Otros achacan la puesta en marcha de este sistema de transporte a la entrada en coche de caballos del propio rey Carlos I, que llega desde Hungría utilizando tal medio de transporte, lo que despierta las apetencias de los más pudientes y en consecuencia se impulsa su desarrollo, tanto que el rey Felipe II tuvo que expedir una pragmática regulando la utilización de estos coches, por ser numerosos y perturbadores de la circulación en un Madrid de calles estrechas, de callejones y de empedrado estremecido por el discurrir de los carruajes tirados por caballos y conducidos por etiquetados cocheros de cuidada peluca, llevando en la parte posterior a una pareja de mozos encargados de custodiar la carroza y abrir las puertas a los viajeros.

Los carruajes invaden el Prado de San Jerónimo, el Jardín Botánico y la Puerta del sol al extremo de perturbar el paseo reposado de los madrileños y constituir un peligro para su seguridad pues se hablaba entonces de numerosos atropellos producidos por el loco discurrir de los carruajes, por la velocidad que imprimen los cocheros, de quienes algunos dicen son mozos alocados que no se percatan del peligro que producen con sus vertiginosas carreras por los paseos de Madrid.

La proliferación de vehículos se traduce en 1684 en un censo que cifra en 1.120 el número de carruajes en la Villa. «Un medio de paseo cómodo, ostentación de detentados privilegios.» Y esa proliferación obliga a dictar normas para el tránsito de carruajes por la Villa en las que se fijan el número de caballos y de carruajes que puede poseer una persona.

Se cuenta en el siglo XVII que Madrid es una ciudad que impresiona a los extranjeros porque es la más poblada de carrozas de todo el mundo. Por aquel entonces el padre Fernández Navarrete escribe: «No hay hidalgo ni particular que, porque su mujer no salga en peor coche que sus vecinas, no se anime, con vana envidia, al gasto al que no es suficiente su patrimonio.» Arnolfini también se ocupa del tema: «Ruedan por Madrid más coches de cuatro ruedas que los que había en España de dos caballos hace ahora cincuenta años.» Escribe esto en 1622. Otros escritores de la época abundaron en la cuestión: «Las señoras de la Corte pasan la mayor parte de su vida en coches, testigos de sus yerros; pues a los cocheros, como a los confesores, se les olvidan los pecados de unos por los de otros.»

El Duque de Maura se ocupa de los coches-litera. Escribe que era ancha y capaz para dos personas. «Tenía la forma geométrica de un trapecio regular. El techo lo formaba bien una recia pieza de cuero o cordobán, ora una tela fuerte, que por estar impermeabilizada por diversos ingredientes, siendo de todos la cera el principal, conociánse con el nombre genérico de encerados. Los dos costados solían cerrarse con telas fuertes de las llamadas de camino, propias para los largos viajes; y con damascos y sedas ricas cuando su uso se limitaba al servicio urbano o de la Corte. Tenían una o dos ventanas que se cerraban también bien con telas de damasco, bien con vidrios o cristales. Las literas urbanas conducíanse ordinariamente a manos de unos ganapanes o litereros —en Madrid existe una calle llamada Vereda de Ganapanes—, gremio que se distinguía de los demás por llevar obligatoriamente unas caperuzas azules, mientras que las literas de camino iban suspendidas por dos varales, que prolongándose por delante y por detrás, permitían el enganche de dos mulos, delantero y zaguero.»

Los críticos de la época están al tanto de cualquier dato que proporcione una abierta polémica y destacan que la mayoría de los coches de caballos derrochan lujo, con sus dorados y guarniciones de cuero repujado. Destacan que algunos están tirados nada más y nada menos que por seis mulas y servidos por cocheros y lacayos con imponentes libreas.

Quiñones de Benavente poetiza:

> Yo soy la Puerta del Sol,
> que, a pesar de los paseos,
> me vuelven puerta cerrada
> la multitud de cocheros.

Es el Conde-Duque el primero en interesarse por el gremio de los cocheros y ordena que éstos abandonen el pescante y se pasen a una de las mulas del tronco. ¿A qué se debe esta norma que no es debidamente explicada? Pues ni más ni menos a que un cochero, por ir cerca de los viajeros, escuchó un secreto de Estado que después divulgó.

Los primeros coches cuyas ventanas estaban protegidas por cristales son el hazmerreír de la Corte y el público se congrega a su paso para observar como los cristales se quiebran por las vibraciones, tal y como le ocurrió al coche del marqués de Toral. Se desestima por tanto la utilización del cristal y las ventanas sólo van protegidas contra el polvo, el barro y la lluvia por unas gruesas cortinas que ninguna dama se atreve a descorrer por miedo a que el barro salpique sus rostros.

Aunque los carruajes destinados a los poderosos vienen de Italia, en Madrid se construyen otros guarnecidos de tela carmesí y bordado en plata. Tenía de este metal toda la clavazón y el herraje y costaba unos 20.000 ducados, según testimonio escrito por Fernández de los Ríos.

Durante el reinado de Felipe IV la afición por el carruaje llega a ser notoria, incluso por los carruajes de lujo, hasta el punto que el presidente de Castilla tiene que llamar la atención y amonestar severamente a un ministro, Antonio de Contreras, que se ha hecho fabricar un coche idéntico al del rey.

Un severo cronista de la época escribe: «El coche lo gasta hoy el platero, el mercader, el tabernero, el aceitero, el rastrero y otros muchos de este consonante, atropellando esta gentecilla a muchos hombres de bien, que su mala fortuna los trae a pie pisando lodos por esas calles.»

En torno a la proliferación del coche nace el negocio, y son tantos los que circulan por la Villa que en las casas con grandes patios se alquilan éstos para aparcamiento de carruajes.

Llevaba razón Quiñones de Benavente al hablar de la multitud de cocheros en la Puerta del Sol. Y es que en este punto, sobre todo por las tardes, se formaban largas colas de coches que dificultaban el paso. Los galanes tenían la conquista asegurada si ofrecían a la dama cortejada un paseo en coche, y en función de las posibilidades del opositor de amores, el carruaje tendría más o menos lujos para impresionar a la mujer

En 1622 se hace pública una orden por la que los coches en las ciudades «de cualquier dueño que sean, paguen el empedrado de las calles, pues ellos las despiedran, y no los pobres que pisan a pie».

El 14 de septiembre de 1792 don Francisco de Tolosa resulta adjudicatario, por concesión de real cédula y por un período de diez años, de un servicio de coches diligentes que han de ser empleados para el servicio público y que han de estar situados en determinadas calles y plazas.

Los viejos cocheros siempre mueren

De algunas historias más o menos verosímiles que tenían a los cocheros como protagonistas y que la mayoría de las veces trascendían por cuestiones de amoríos y traiciones, me quedo con una real ocurrida en el siglo XVII, y que tiene como protagonista de lujo a una marquesa, la de Leganés, y a un pobre y desgraciado cochero, el del almirante de Castilla.

La Casa de Campo era un recinto reservado a la nobleza y prohibido al pueblo. Por una de sus veredas paseaba en carruaje la marquesa de Leganés, y por el mismo sendero se encontró con un coche perteneciente al almirante de Castilla. Parece seguro que el almirante no iba solo, que en el interior del vehículo debía llevar compañía femenina porque las cortinillas, pese al calor, estaban medio cerradas como tratando de ocultar lo que dentro estaba pasando, y aunque es menos seguro pudieron ser los celos los que indujeron a la marquesa a ordenar al cochero del almirante que dejara aquel camino y escogiera otro. El cochero no se atrevió a tomar distinta dirección si antes su señor no se lo autorizaba y por ello le hizo la consulta. No debió permitirle el almirante cambiar de sendero y continuó por el mismo, lo que provocó la ira de la marquesa de Leganés, que en un arrebato pidió a su lacayo el arcabuz y apuntando al cochero del almirante le disparó un tiro que le dejó muerto en el acto.

Nada se sabe de lo que la justicia hizo con la marquesa, pero lo más probable es que nada hiciera, de ahí que el comentario popular no fuera otro que: «Al pobre cochero, como le mataron, no tuvo más remedio que morirse.»

A pesar de estos «accidentes» el oficio de cochero estaba prestigiado y eran muchos los opositores a ejercerlo, aunque el gremio comenzaba a crecer como consecuencia de la proliferación de los coches. Tantos eran por Madrid que en terrenos donde hoy existe el paseo de Recoletos, en la prolongación del Prado Nuevo, llegó a instalarse en un caserón un taller de reparación de carruajes de caballos, que en alguna época llegó a contar con más de cien operarios especializados.

A principios del siglo XIX hacen furor los coches simones que como queda dicho deben su nombre al gallego que los introdujo en la capital. Se alquilaban por días y su precio era de un doblón por día entero y treinta reales por medio día. El interesado podía encontrarlos en las calles de Alcalá, Arenal y Fuencarral principalmente, aunque también aparcaban en otras. Los simones hacían servicios urbanos. Para viajar fuera de Madrid existían los calesines, apostados en la Puerta del Sol y en la plazuela de la Cebada. ¿Por qué no se utilizaban dentro de la ciudad? El motivo era de lo más original: «su estrambótica forma es causa que se tenga por ridículo el hacer uso de ellos para ir a visitar.»

Con la aparición de los simones desaparecen los coches llamados «peseteros», que se alquilaban por horas y estaban de parada en las plazas principales de Madrid.

Hacia mediados de siglo se contabilizan en la capital 122 alquiladores de carruajes, y de este servicio escribe Mesonero Romanos en 1844: «No está montado con toda la comodidad que debiera, pues los varios establecimientos que proporcionan coches y cabriolés, lo hacen solo por días y medios días, y no han llegado a comprender la necesidad de alquilar los carruajes por horas o por carreras. El precio de alquiler varía entre tres y cuatro duros diarios, según el mayor o menor lujo de los carruajes y lacayos (cocheros), y además éstos exigen la propina aparte, todo lo cual es sobremanera incómodo y abusivo. Para los paseos a las inmediaciones de Madrid, no se sujetan ni aun a aquella voluntaria tarifa, teniendo sólo en cuenta la estación, el día, la distancia, y por último, su voluntad. Los carruajes destinados a éstos paseos, suelen ser los más vetustos y estrambóticos de forma, y éstos son precisamente los únicos que estacionan en las plazas de la Constitución, de San Martín, del Ángel, calle de Toledo y otras.»

Los principales establecimientos de alquiler de coches estaban situados en la calle de Alcalá, esquina a la de Cedaceros, en las del Baño, Sordo, Huertas, Greda, Desengaño y Majaderitos, mientras que los caballos para tirar de ellos se alquilaban en el Postigo de San Martín, Infante Baño, angosta de San Bernardo, Arenal y arco de San Ginés.

La tenencia de coche ha despertado siempre críticas exacerbadas, alguna que otra envidia y comentarios jocosos. Mediado el siglo XIX José González de Tejada escribe en «La Ilustración Española y Americana»: «¡Echar coche! ¡Ser persona de coche! ¡Pasear en coche propio! ¡He aquí el colmo de la felicidad en la época presente! No puede hacerse mayor elogio de una familia que exclamar: ¡Tienen coche! Es decir: los padres están ricos —no importa cómo—, las hijas son buen bocado para cualquier hambriento de dotes, y todos son personas distinguidas... El coche es el muro de separación entre los pobres y los ricos. Por ancho que sea el paseo destinado a ellos, la autoridad no permitirá nunca que lo profanen las manchadas ruedas de los carros de escombros o de carne, de los furgones de mudanza, o de los camiones destinados a mercancías. Hasta los coches de camino son considerados como dignos de alternar con los carruajes de lujo, y se los hace marchar por otra calle.»

Más tarde el rey Alfonso XII acostumbraba a pasear en faetón, lujoso modelo de coche, y los sábados escogía un Grand Daumont, introducido en Madrid por el constructor de coches parisiense Moussard, para asistir a la Salve en la basílica de Nuestra Señora de Atocha. Los coches de la clase popular seguían siendo los simones y las manuelas.

La decadencia

Con el inicio del siglo XX llegó la revolución en el mundo del automóvil. Coches de la marca Schneider hacen una exhibición por el paseo de Recoletos. Y consigue su vendedor el objetivo de que muchas familias acomodadas de la Corte vendan sus viejos carruajes de caballos y adquieran uno de estos modelos que son el último grito.

Comienza la decadencia del viejo coche, del carruaje y, en consecuencia, la crisis para el gremio de los cocheros. Aún en los años veinte hay en la capital 345 cocheros y los simones no han desaparecido de la estampa costumbrista de la ciudad, aunque priman las berlinas y calesas que tenían estipulada una tarifa de dos pesetas y ochenta céntimos por viaje, con derecho a ir ocupadas por dos personas y franquicia para treinta kilos de equipaje. Aún en 1931 una crónica señala:

«Y ahora tomamos calle de la Montera abajo y nos vamos a la Puerta del Sol. Todavía puede verse una parada de coches de punto movidos por tracción de sangre. Viejos caballos obedientes a viejos cocheros al pescante de viejos artefactos.».

LA RECUPERACIÓN DEL COCHE Y DEL COCHERO

Siendo regidor de la Villa y Corte Enrique Tierno Galván, y en su propósito de recuperar viejas costumbres, viejos oficios y desaparecidos tipos populares, puso sobre la mesa del gobierno del Ayuntamiento la idea de recuperar las viejas calesas, los simones, para prestar servicio en el parque del Retiro.

El proyecto se puso en marcha no sin problemas. Esta ciudad no disponía de cuadras o establos para albergar a los caballos que deberían poner tracción de sangre a los simones, no podía permitirse soportar por muchos minutos el rastro que tras de sí dejaban las caballerías. La idea de Tierno era que los cocheros fueran uniformados conforme a como lo hacían en el siglo XVIII.

Superados los inconvenientes y problemas administrativos en cuanto a las concesiones se refiere, en 1985 comienza a funcionar en el Retiro un servicio de carruajes tirados por caballos, más calesas que simones y con la idea de extenderlo posteriormente a la Casa de Campo, cosa que no llegó a ocurrir. Se establecen unas tarifas que oscilan entre las 400 y 750 pesetas —viaje y carruaje— según la capacidad de ésta. El alcalde Enrique Tierno hace el primer recorrido en calesa. El Retiro recupera entonces los coches de caballos, como un capricho nostálgico del viejo profesor. Los cocheros habían muerto al mismo tiempo que sus viejas berlinas, simones o calesas. Se extinguía así una profesión que fue floreciente desde el siglo XVII y parte de la trasnochada estampa de un Madrid romántico.

Para los nostálgicos de este medio de tracción existe en Madrid un Museo de Carruajes, inaugurado el 27 de junio de 1967 por Franco y el almirante Carrero Blanco. Una de las lápidas conmemorativas dice: «Carruajes, guarniciones y enseres utilizados en jornadas y desplazamientos de personas reales y su corte durante los siglos del XVI al XIX.» En el Museo se dan cita varios tipos de carrozas, berlinas, landós, simones, etc.

El museo permanece abierto en la calle Bailén, junto al Palacio Real, y es un buen lugar para conocer esa historia de Madrid que se forjó a golpe de paseos románticos en carruajes que marcaron toda una época, donde en el pescante siempre iba un cochero de mirada seria, hábil en el manejo de las riendas, confidente, víctima, poseedor de secretos, personaje de secretos, personaje de comedia y de sainete, cochero de Madrid.

AQUELLOS TRAPEROS QUE SALÍAN A LA BUSCA ANTES QUE EL SOL

Los traperos salían antes que el sol. Entre las primeras brumas de la madrugada se recortaba la silueta del carro tirado por una mula retorzona dormida, casi tan dormida como los pequeños que ayudaban en el negocio y se escondían en amplios serones que primero servían de abrigo y después de recipiente para recoger los desperdicios. Iban dejando un rastro de vaho en la escarcha temprana de Madrid.

Los traperos protagonizaron desde el pasado siglo uno de los oficios más deprimidos y penosos. Llegaban desde los barrios bajos para ir recogiendo los desperdicios, los cartones, los trapos y la escoria de las calefacciones que después esmotaban y convertían en carbonilla lista para vender a bajo precio. Inmortalizaron la liturgia temprana de la busca y luego Pío Baroja hizo del oficio una de las novelas más hermosas que sobre Madrid y sus gentes se hayan escrito jamás.

Baroja describe fielmente a estos marginales del gremialismo madrileño: «Se levantaba el señor Custodio todavía de noche, despertaba a Manuel, enganchaban entre los dos los borricos al carro y comenzaban a subir a Madrid, a la caza cotidiana de la bota vieja y del pedazo de trapo. Unas veces iban por el paseo de los Melancólicos; otras, por las rondas o por la calle de Segovia. El invierno comenzaba: a las horas que salían, Madrid estaba completamente a oscuras. El trapero tenía sus itinerarios fijos y sus puntos de parada determinados. Cuando iba por las rondas y subía por la calle de Toledo, que era lo más frecuente, se detenía en la plaza de la Cebada y en Puerta de Moros, llenaba los serones de verdura y seguía hacia el centro.»

El carro era una especie de almacén volante donde todo estaba sujeto a un riguroso orden. A medida que se iba recogiendo de los portales, de los almacenes y de las puertas de los mercados la mercancía de desechos, se iba clasificando. En un pequeño bidón se depositaba la carbonilla; en el serón, los huesos, las pieles y los despojos; en los sacos se apilaban trapos, zapatos y gomas, y en banastas de madera la verdura, la fruta, a un lado, la que era aprovechable pese a estar «tocada», al otro, la que ya sólo podía ser destinada a los cerdos, a la piara que el trapero generalmente solía tener en un corral pegado a su trapería. Una parte del carro estaba reservada al estiércol, producto por el que los traperos llegaban a pegarse, pues una vez reclasificado y revuelto con otras materias orgánicas era vendido a buen precio por las huertas del Manzanares.

Les pagaban el papel a treinta o cuarenta céntimos la arroba, pero requería mucho trabajo ya que los fardos llegaban empapados por el rocío de la mañana y tras clasificar el papel por un lado y el cartón por otro, había que dejarlo al sol, pues si llegaba a estar húmedo no lo admitían los compradores, y es que en la humedad había, como es lógico, un exceso de peso.

Varias fábricas de papel y cartón existían diseminadas por la villa y corte, pero la principal estaba en el paseo de las Acacias, mientras que las botellas, siempre que estuvieran en buen estado, es decir, sin quiebras ni desconchones, eran fáciles de vender en almacenes de vino, fábricas de licores y de cervezas.

Cita también Pío Baroja en «Mala Hierba», a una zona de traperos llamada el tejar de Matapobres, próxima al Manzanares: «En aquellas pobres chozas se refugiaban algunos traperos con sus familias. Todos los habitantes de tan miserable aduar, escuálidos, amarillentos, estaban devorados por las fiebres, cuyos gérmenes brotaban de las aguas negras y fangosas del río.»

Las casas de los traperos se diseminaban por los suburbios en zonas conquistadas por la miseria, ya fuera en los despoblados de General Ricardos, en Las Cambroneras, al otro lado de las Ventas del Espíritu Santo, en el Arroyo del Abroñigal, Cerro de la Plata, el barrio de las Injurias o en los Carabancheles.

Hasta el comienzo de la guerra civil española, los traperos de Madrid se instalaban caprichosamente en aquellas zonas sin calificación urbanística donde era fácil la expansión. Comenzaban construyéndose una chabola, más tarde un cobertizo para las mulas, unos corrales para los cerdos y las gallinas y terminaban acotando grandes espacios de terreno para la clasificación y almacenamiento del producto obtenido en la busca, producto que por la tarde era vendido, según el género, en los distintos establecimientos de la villa.

En la postguerra la práctica totalidad de los traperos de Madrid se instalaron en la zona sur, a ambos lados de la carretera de Toledo y en una superficie que iba desde la plaza Elíptica hasta las lindes con el municipio de Leganés. A partir de la década de los años sesenta, y con la decadencia de este tipo de negocio, comenzaron a expropiarse los terrenos, calificados de zona agro-pecuaria y transformados en urbanos para poder dar desarrollo a los distintos planes generales de ordenación de Madrid.

En el año 1957 nace en Madrid la niña dos millones y sin que tenga que ver con el caso sino por hacer referencia a la anécdota, un cronista se ocupa del futuro de los traperos. Empieza preguntándose qué va a ser de esta gente: «La modernización de la ciudad exige la desaparición de los carros de la basura y su sustitución por vehículos a motor especialmente preparados para estas tareas, pero de alguna manera van a tener que vivir todos los basureros que residen en la villa y su entorno, llamados no se sabe todavía por qué traperos. Son algunos miles los carros de traperos, algunos miles los profesionales de este grupo. Los carros quedarán abandonados por las afueras y años después se comprarán sus ruedas a buen precio como adorno para restaurantes y bares, o residencias campestres de particulares. Los burros se morirán de viejos o serán convertidos en menú para las fieras del Retiro o en embutidos para los madrileños.»

No iba descaminado el cronista. Todos sus pronósticos se cumplieron al pie de la letra. La mecanización de la recogida de la basura en Madrid; la erradicación de zonas marginales para actuaciones urbanísticas y otras circunstancias fueron acabando con este viejo oficio, auténtico filón de literatos y costumbristas.

Recuerdo la entrevista que le hice a uno de los últimos traperos de Madrid, allá por los años setenta. Me decía que a pesar de lo penoso e ingrato que era, estaba contento con su trabajo. «Comprendo que cada día es más difícil llevarlo a cabo. No abundan los lugares donde aparcar sin que estorbemos, ni siquiera sitio en las afueras donde vivir y seleccionar nuestra busca. No conocemos el descanso durante todo el día. En verano salimos a las cuatro de la madrugada. Volvemos a las nueve o las diez de la mañana y entonces nos ponemos a clasificar la busca; eso nos lleva toda la mañana; por la tarde, después de la comida y de haber echado una cabezadita, vamos a venderlo a los almacenes; vuelta a casa, a cenar y acostarse pronto para madrugar al día siguiente.»

El futuro de este hombre, como el de todos los que se dedicaban a este viejo oficio era incierto. «No sabemos hacer otra cosa. Mis padres también fueron traperos; éste es nuestro único medio de ganarnos la vida; sabemos que esto está llegando a su fin; por esa razón nuestros hijos van al colegio donde reciben la mejor educación posible, porque este oficio no tiene futuro, porque no queremos que lleve una vida tan sacrificada como la nuestra.»

La vuelta de los traperos

Pero el futuro siempre es incierto porque a veces el destino es caprichoso y cuando ya los traperos habían prácticamente desaparecido de la faz de Madrid, llega una crisis económica, una inmigración brutal, una caída en picado del mercado laboral y se reeditan viejos oficios como el de la busca.

Así, de unos años a esta parte, sobre la epidermis de Madrid aparecen los cartoneros, las personas que arrastran sobre un pequeño carrito fajos de cartón y papel recogidos de los contenedores de basura o de las puertas de los comercios. Eran en principio ancianos con raquíticas pensiones, cuando no sin ellas, que tenían que subsistir acarreando y vendiendo cartones. Más tarde, a medida que el mercado laboral crecía en demanda y menguaba en ofertas, fueron ya grupos de personas adultas y hasta jóvenes los que comieron el terreno y el negocio a los cartoneros de la tercera edad.

También es visible por las calles de Madrid la existencia de furgonetas, camionetas y otro tipo de vehículos de características similares que se dedican a la busca, que se anticipan al paso de los camiones municipales de la basura y expulgan entre los contenedores, los cubos y los montones de residuos para llevarse lo que podrán vender una vez reclasificado. Es una salida a ese pozo del paro laboral donde se ven abocadas muchas familias y para cuya redención hay que volver a oficios tan viejos como el de la busca, a reeditar la estampa del trapero, menos penosa eso sí, motorizada, pero igual de abnegada, de difícil, de dura.

CHARLATANES, ADIVINADORES Y VENDEDORES DE UNGÜENTOS

Tener buena labia ha sido siempre condición imprescindible para el vendedor ambulante. Había que vender productos sin garantía de mercado, sin aval comercial, y sólo las buenas artes del convencimiento, de la persuasión, sustituían al «marketing» moderno.

Hasta bien entrada la década de los años setenta aún se apostaban por las calles de Madrid, y los domingos en el Rastro, los vendedores de ungüentos, preparados casi mágicos capaces de combatir todo tipo de dolencias con una simple aplicación cutánea; jarabes milagrosos para ahuyentar catarros persistentes o prevenir diarreas estivales.

Los vendedores de ungüentos y otros productos de dudosa eficacia pero de ningún perjuicio para la salud, menudearon sobre todo en el siglo XIX. Unos se situaban en el Retiro, en las mañanas domingueras, junto al estanque o en los aledaños del quiosco de música:

—¡Acérquense señoras, caballeros, jóvenes y más mayores! Estén muy atentos a lo que traigo en este frasco. Se trata de un compuesto de café de bellotas con almendra de coco y preserva de diarreas y cólera morbo. Es un milagro. Llévese una caja de una libra por sólo doce reales.

Junto a la fuente de la Mariblanca, en la Puerta del Sol, otro charlatán contaba las excelencias de una crema revolucionaria para proteger a la piel de la rojez y el salpullido, también de las pecas con las que castigaba el severo sol madrileño:

—Tengo unos polvos mágicos para preservar la piel. Son adherentes e invisibles para dar frescura y aterciopelado aspecto al rostro de usted, joven señorita, o de usted señora. Vale dos céntimos la caja y es mucho mejor que La Velutina.

La Velutina era un compuesto especial de polvo de arroz que se vendía en farmacias al precio de cinco céntimos la caja o se podía solicitar por correo al domicilio de su inventor: Charles Gay, en el 9, rue de París.

El vendedor de los polvos mágicos desempolvaba después un cofre donde guardaba en riguroso orden unos frascos de cristal transparente que dejaban ver en su interior un líquido espeso:

—Y aquí tienen, señores, el milagroso jarabe que hace furor desde San Petesburgo a Nueva York. Con una cucharadita diaria ustedes estarán a salvo de perforaciones, disenterías, diarreas y otros dolores agudos que suelen presentarse después del verano como consecuencia de los cambios bruscos de temperatura que sufre el estómago y el vientre, acosados por tanta bebida y tanto refresco insalubre. Cada frasco que les ofrezco por cuarenta céntimos se puede diluir en doce litros de agua. Toda la familia tendrá por tan módico precio un eficaz preventivo contra las enfermedades del estómago.

Lo que vendía el buen hombre era agua del alquitrán, un producto que se había comercializado y que aparecía en las farmacias con la marca «Alquitrán de Guyotoque», nombre que correspondía al de su descubridor, compuesto rico en partículas resinosas y que también podía solicitarse por correo, contra reembolso de dos francos, a un domicilio de París. El vendedor ambulante llevaba igualmente un producto que se había comercializado en farmacias y que estaba indicado para «dar fuerza a los niños y a las personas débiles del pecho o estómago, o atacadas de clorosis y anemia». El producto en cuestión, con gran poder vitamínico, se llamaba «Racahout de los Árabes» y estaba preparado con vinos añejos, vitaminas y también hierro.

Sin lugar a dudas el más popular de todos estos productos capaces de sanar las enfermedades más persistentes era el ungüento amarillo, de «prodigiosos» efectos, que valía para todo, eficaz en cualquier dolencia y del que nunca se supo su composición y a qué inventor debería atribuirse el producto más voceado y elogiado por los charlatanes callejeros.

A finales del pasado siglo apareció por la calle de Atocha un charlatán que después desapareció de forma misteriosa. Vendía unas pequeñas cajitas de madera que en su interior guardaban un ungüento de color pardusco y olor desagradable. En el prospecto se indicaba su gran poder curativo en los males de la garganta. El charlatán animaba a su compra y terminaba diciendo: «Es una fórmula milagrosa que a un fraile honrado transmitió el mismo San Blas, un año en el que se celebraba la romería en el Cerrillo. No tiene marca ni composición. Es un milagro de San Blas que les traigo en estas cajitas.»

En la plaza de Antón Martín, al cálido sol de marzo un hombre metido en años, lento de movimientos pero ágil de palabra reunía al toque de una campanilla a la muchachada de Lavapiés, a las mujeres que iban o volvían del mercado, a los cesantes que desgranaban conversaciones sobre los bancos y a los quincalleros que habían hecho un alto en el camino para tomar unos vinos en una taberna cercana.

Cuando ya tenía suficiente corro de espectadores a su alrededor desplegaba una vieja maleta y extendía sobre uno de los bancos varios productos de marca:

—No vendo productos anónimos. Todo lo que llevo es de la mejor calidad, garantizado, con registro sanitario y prospecto que garantizan la eficacia. Vamos a ver. ¿Alguno de ustedes —seguro que sí— padece de ese mal tan común entre la gente que anda muchas leguas al día, tan molesto y doloroso como es un callo?... ¿Usted señora? No se aflija, alegre la cara. Aquí tengo el producto que le aliviará de sus dolores de pies: el «Callicida Hispalense». Vale seis reales el frasco y en cuatro días le habrá desaparecido toda dureza de los pies.

Cuando la posibilidad de vender el producto se había acabado el charlatán desenvolvía un tarrito que levantaba en su mano como el triunfo sobre los grandes males de la época:

—Presten mucha atención, señoras y caballeros. Estamos ante una gran revolución científica. Se acabó el raquitismo, la tisis, los catarros contumaces, los síntomas de debilidad general. Su cuerpo y sus pulmones volverán a ser los de antes después de haberse aplicado la emulsión «Romeo», un aceite puro de hígado de bacalao con hipofostitos. Cuesta dos pesetas el frasco. Un auténtico regalo, y si ustedes no notan mejoría, les devuelvo el dinero y les invito a comer a toda la familia en Casa Botín.

Al charlatán de la plaza de Antón Martín no le faltaba de nada en su maleta: vino de «Peptona» para inapetentes, convalecientes, capaz de sanar úlceras gástricas, tisis y catarros intestinales; hierro dializado «Ortega», «para el empobrecimiento de la sangre»; aceite de hígado de bacalao «G. Gil», «sin olor ni gusto», y la «Flor de Ramillete de Bodas», «para hermosear la tez».

Confiar en los charlatanes y en sus remedios, en sus alientos y en sus productos, era una cuestión de fe, y como la fe se iba perdiendo a medida que los tiempos avanzaban y la farmacología se modernizaba, los charlatanes comenzaron a notar la crisis y el negocio entró en franca decadencia.

Aun así en los años veinte de nuestro siglo todavía pululaban por las calles de Madrid estos avispados vendedores de productos desconocidos pero milagrosos de aplicación diversa y precios asequibles. El Rastro era un lugar idóneo para desplegar el arte de la buena labia y el general convencimiento. Los charlatanes, elevados sobre un taburete, ofrecían, una tras otra, su amplia mercancía de remedios para la salud y la belleza, para el interior del cuerpo y también para el exterior, para las tripas y el cutis: purgantes de garantizada eficacia, jarabes para dominar anemias, cremas para realzar la belleza, incluso cremas contra la impotencia y remedios mágicos, como el pregonado junto a la estatua de Cascorro:

—Caballero, mozo, si usted está —Dios no lo quiera y su mujer o su novia tampoco— falto de energías sexuales, si sus fuerzas están mermadas por los abusos de alguna Venus, si el alcohol le resta potencia o la edad ya no le hace armarse como antaño, deje de preocuparse; hoy es su gran día; hoy ha encontrado usted a este charlatán que pondrá remedio a sus males. No hace falta que me lo agradezcan ni usted ni su señora, es mi trabajo, lo hago con gusto y por poco dinero.

Llévese un tarro de este tónico que le hará maravillas. Recobre por sólo cinco pesetas el vigor de su juventud o las fuerzas derrochadas en más aventuras de las que pueda soportar su cuerpo.

Y el mismo personaje sacaba después cremas para las almorranas, varices, manchas, arrugas y caída del cabello.

Quién sabe si esas extrañas pócimas no tenían en realidad efectos curativos o sedantes, o quizá las buenas mañas del charlatán animaban la fe y producían lo que hoy llamaríamos efecto psicológico en el individuo, el caso es que lejos de tomarles como farsantes, eran tenidos en consideración y, a veces, se les escuchaba y compraba con devoción.

Los adivinadores del pensamiento

Ahora que el esoterismo está a la vuelta de la esquina, que los echadores de cartas hacen el agosto en las calles, parques y jardines, es justo recobrar lo que fueron en esas calles de otros tiempos aquellos adivinadores que sin utilizar cartas, ni juegos ni otras artes, eran capaces de «saber» lo que en esos momentos estaba pensando la persona sometida a examen; podían averiguar aspectos importantes de su vida aunque rara vez trabajaban el arte de predecir el futuro, se limitaban exclusivamente a adivinar el pensamiento.

Hay una fotografía de Alfonso titulada «El adivinador de pensamientos» e ilustrada con una frase de Ramón Gómez de la Serna: «Ese Madrid cree en el ocio y no en el negocio, y es en el que no sabiendo nunca donde ir se va a todos lados.» Era requisito imprescincible que el adivinador fuera un buen comunicador, un hombre astuto, de verbo fácil, capaz de hablar tan deprisa y mezclar unas frases con otras e irse de un tema al opuesto, que el espectador no pudiera seguir su corriente y así, sin quererlo, descifrar en sus respuestas algunas claves que «ayudaran» después a la adivinación.

El adivino o adivinador ofrecía dos alternativas: averiguar lo que en esos momentos estaba pensando un personaje elegido al azar entre el corrillo de curiosos o hacer que su acompañante, generalmente una mujer, adivinara con los ojos cerrados tal o cual característica indicada por el «jefe» sobre uno de los espectadores.

En el primero de los casos el adivinador sentaba sobre una banqueta de tijera a un espontáneo. Le hacía un breve examen oral para saber cuatro datos elementales sobre su persona y a partir de ahí era capaz de adivinar si estaba soltero o casado, cuántos hijos tenía, dónde vivía, si había sido operado en alguna ocasión, si se llevaba bien o mal con la suegra, si andaba detrás de un amor imposible o padecía de almorranas. Nadie fue nunca capaz de averiguar por qué el adivinador no fallaba una; se pensaba que había truco... o quizá no, quizá por eso era adivino.

En la segunda modalidad, el «maestro» sentaba en la banqueta a la joven que le acompañaba y le vendaba los ojos:

—¿Ves algo?

—No, nada —respondía ella con total convencimiento.

—Ahora me vas a decir de qué color es el vestido que lleva esta señora a la que estoy estrechando la mano.

Se lo pensaba un instante la mujer de los ojos vendados. Luego respondía con seguridad:

—Negro.

—¡Perfecto, muy bien! ¿Y sabrías decirme que lleva en esta bolsa?

—Patatas, acelgas y otro objeto que... vamos a ver... no lo tengo muy claro. ¿Pueden ser pinzas de la ropa?

—¡Genial! Enseñe usted la bolsa, señora. Ahí lo ven: patatas, acelgas y un paquete de pinzas para tender la ropa.

El corrillo de curiosos rompía en aplausos mientras el maestro liberaba a la chica de la venda y rápidamente comenzaban a caer monedas sobre el suelo. Claro que en este caso la adivinadora era la ayudante.

Aquel Madrid provinciano, un tanto descuidado, íntimo, sin prisas, como si no le importara demasiado el tiempo y el futuro, aquel Madrid del que Pérez Galdós dijo: «¡Oh, Madrid! ¡Oh, Corte! ¡Oh, confusión y regocijo de las Españas!», necesitaba creer en adivinos, en magos, necesitaba mantener intacta la fe más infantil. Ese Madrid ramoniano «que guarda un modo de vivir único, no especulando más que con el aparecer del nuevo día, asomarse a un balcón o pasear un rato» del que Valle-Inclán fue severo crítico: «Un Madrid absurdo, brillante y hambriento», o en juicio más suave de Pío Baroja: «La Corte es ciudad de contrastes: presenta luz fuerte al lado de sombra oscura; vida refinada, casi europea, en el centro; vida africana, de aduar, en los suburbios»; ese Madrid que padecía el sufrimiento de su decadencia, de la dictadura de Primo de Rivera, de las guerras a extramuros. Aquel año de 1921, un desfile de muchachos entraba en rigurosa formación en la estación de Atocha. Unos lloraban, otros consolaban a las madres y a las novias. Pablo Iglesias dejó escapar unas lágrimas y una frase: «¿Cómo se lleva de esa forma a los hombres a la guerra de Marruecos?» Ese Madrid necesitaba alentar sus fantasías, creer en el poder de los adivinos, de los charlatanes, a veces de los embaucadores.

Después llegaron nuevos tiempos poco propicios para la adivinanza; tiempos para los expertos en prospectiva, en análisis de coyunturas, en diagnóstico de futuro. Comenzó a llamárseles burócratas, «yupies», clase dirigente... pero ya no tenían el poder de convocatoria en las plazas, en los jardines. No eran adivinos de verdad ni siquiera charlatanes que ofrecieran algo material, aunque sólo fuera un bálsamo en frasco o un jarabe para la tos persistente.

... Y OTROS VIEJOS, ENTRAÑABLES, PINTORESCOS OFICIOS

ESCRIBIENTES Y MEMORALISTAS, PASADORES A LIMPIO DE AMORES Y NEGOCIOS

En aquel Madrid donde saber leer y escribir era un lujo al alcance de unos pocos, los escribientes, escribanos o memoralistas tenían trabajo en abundancia, aunque no siempre bien remunerado ya que a las personas a las que ofrecían sus servicios no estaban en disposición de hacer grandes desembolsos por la escritura o lectura de una carta, por la redacción de un documento o por que les rellenaran un impreso, que éstos últimos siempre los hubo en cuestiones relacionadas con la administración, aunque en cierta época en Madrid fueran más los analfabetos que los que habían aprendido a leer y escribir.

Dice Mesonero Romanos (1844) que «hay un crecido número de escribientes y memoralistas con puestos fijos, más particularmente en la casa de Correos y en la callejuela que hay detrás. En dicha casa de Correos en los postes del patio fijan también sus anuncios los escribientes que buscan acomodo para dentro de las casas. Los precios varían según la importancia del servicio que prestan».

Muchos de estos escribientes que se situaban allá donde el trabajo se prometía más seguro, a las puertas de Correos donde la gente tenía necesidad de enviar una carta y previamente hallar a alguien que se la escribiera, eran muchachos a los que las necesidades familiares habían retirado prematuramente de la escuela. De los viejos maestros memoralistas aprendían la forma de redactar una carta y los enigmas de un impreso bien formulado.

Otros preferían buscar lugares apartados de la casa de Correos donde la competencia fuera menor, y se situaban con sus mesas y banquetas en la parte alta de la calle de Atocha y en la de Relatores. Precisamente en esta última existía una imprenta, y los que deseaban encargar anuncios, tarjetas o incluso los autores de folletines, aprovechaban la presencia cercana de los escribientes para poner en orden ortográfico y de estilo los textos a encargar en la imprenta de la calle Relatores.

Los hombres acudían a estos profesionales generalmente para que les redactaran cartas de negocios, formularan impresos o pasaran un legado; las mujeres, solían pedirles que les escribieran cartas de amor, y en eso eran auténticos maestros que memorizaban modelos «standar» donde sólo cambiaba el nombre del pretendido pero nunca las palabras de amor, las frases románticas, las promesas y las despedidas: «...Siempre y eternamente tuya, Rosarito...».

Tampoco era trabajo de rosas el de los escribientes y memoralistas. A veces se veían complicados en pleitos que les eran ajenos, pero una noticia mal interpretada, una carta mal leída o un documento cuyos efectos resultaran contrarios a los pretendidos por el demandante, podían costarle un disgusto al escribiente, una demanda o quizá una paliza.

Una mocita de Madrid, cliente asidua de memoralistas por su afán en dirigir repetidas cartas de amor a «príncipes» distintos, demandó ante el juez a uno de los escribientes. Le acusó de haber frustrado un amor más que posible y una hacienda futura más que probable. La mocita le había encargado al escribiente que pusiera una frase en la carta dirigida a un hombre bien hacendado pero extremadamente puntilloso, recto y severo en el lenguaje al que pretendía llevar al altar. La mujer le encargó que escribiera una despedida muy especial: «...Te amo con locura.» Pero el escribiente no debía tener la caligrafía demasiado diáfana y la palabra clave resultó en su lectura con otra interpretación. El destinatario de la misiva de amor, el hombre rico, puntilloso, recto y severo creyó leer: «...Te amo con lujuria», y decidió romper cualquier pretensión de compromiso con una mocita tan atrevida, desvergonzada, lo que provocó las iras de la pretendiente y la descarga de su frustración en el escribiente de la farragosa caligrafía.

En otra ocasión cuentan que una dama de Madrid, ya metida en años y curtida en el hábito de cortejar mozos de mucha más juventud que su edad o de señores más mayores de sus años pero bien puestos de caudales, obligaba a Cupido a disparar varios dardos a la vez y en distintas direcciones. Tenía un escribiente de confianza que se apostaba con su mesa en los altos de Atocha, frente a la iglesia de San Sebastián. La mujer tendía redes por todas partes. Tenía en su poder una larga lista de pretendidos. A todos trataba de conquistar con los mismos argumentos, que ya el escribiente conocía y redactaba de memoria. Pero algún día había de fallar el sistema, porque quien prueba suerte de forma repetida con varias presas a la vez, puede cometer un error peligroso. Y llegó el día en el que el escribiente no debió andar muy despierto y repitió en cuatro misivas dirigidas a distintos pretendidos un mismo día y una misma hora para la cita: «...Amor mío, te espero ansiosamente el jueves, a las siete de la tarde, junto a la iglesia de San Ginés». Y, claro, el jueves, a las siete de la tarde, a la entrada de San Ginés coincidieron cuatro caballeros para una misma dama, y los cuatro coincidieron también en descargar sus iras contra la mujer en cuestión, proclamando allí mismo que siendo víctimas de un engaño, jamás volvería a saber de ellos, lo que produjo la natural frustración y desconsuelo en la pretendiente.

No se sabe si por cuestión de revancha, de pagar el error cometido o quizá porque a fuerza de escribir cartas de amor se había enamorado de ella, el caso es que el escribiente de la dama metida en años terminó desposándola en la iglesia de enfrente, en la parroquia de San Sebastián.

A medida que la población fue saliendo del analfabetismo los escribientes y memoralistas desaparecieron como gremio y con ellos se marcharon tantas y tantas cartas de amor... y de odio, muchos negocios escritos, muchos documentos formulados gracias al buen manejo de la escritura y de la comprensión del folleto. Se fueron con ellos las misivas escritas a mano, palomas de esperanza o de lutos, documentos de negocio o, simplemente, testimonios de afecto, de recuerdo. Ellos escribieron las últimas frases del romanticismo decadente en Madrid.

PARAGÜEROS-LAÑADORES, PARA REMENDAR CAZOS Y SARTENES

Llevaban los paragüeros-lañadores una lata con carbón encendido en una mano y la caja con la herramienta en la otra. Cuando Madrid se desperezaba y el ruido de la ciudad era un concierto desafinado de voces, pregones, cascos de caballerías, arrastre de reses y gritos, entraban en la retahíla urbana: «¡Paragüerooooo-lañadoooooooor!».

Eran diestros en el manejo de las grapas y la soldadura. Restañaban porcelanas, grapaban cacerolas, pucheros y tinajas; enderezaban y reponían varillas de paragüas maltrechas por un día de viento huracanado; soldaban los mangos de sartenes, perolas y cazos; tapaban los poros, cuando no los agujeros, que aparecían en el fondo de los cacharros de la cocina y hasta saneaban los desconchones de los orinales.

Todavía en 1848 quedaban en Madrid cuatro talleres de maestros estañeros, pero la profesión ambulante aún perduraría más de un siglo, hasta que la industrialización de los cacharros, el plástico y otros elementos más resistentes, hicieron poco rentable la reparación de estos cacharros domésticos. Ya no merecía la pena aliviar la vejez o la rotura de una sartén o de un cazo. El mercado había puesto al alcance del bolsillo la sustitución del elemento.

Cuenta Pío Baroja en «La Busca», que salían estos tipos a primeras horas de la mañana, cuando de las buñolerías asomaba el tufillo a aceite y masa, para rebuscar entre las escorias de los vertederos el carbón a medio consumir con el que alimentar el horno portátil. Recorrían después las calles de Lavapiés hasta llegar a la Cava Baja. Solían hacer en toda la mañana hasta diez o doce paradas. Los trabajos más complejos, como los de poner piezas a las sartenes o colocar asas nuevas a los pucheros, se los reservaban para la tarde. Se llevaban los cacharros deteriorados a sus talleres o a sus casas y allí procedían a una reparación a fondo para sacar al menos sesenta céntimos por la ardua tarea de un par de horas.

Las botoneras, artesanas y alguna vez alcahuetas

Las botoneras eran auténticas artesanas de la moda. La labor de hacer botones era considerada como un oficio de singular destreza, pues habida cuenta de la importancia que en los vestidos de época tenían los adornos y remates, los botones eran elemento de importancia capaces de dar el toque distinguido a una prenda.

En la que hoy se conoce como calle de Botoneras se instalaron las primeras vendedoras de quincallas y también el primer taller de artesanía de este producto. Los especialistas en la elaboración de este adorno (generalmente mujeres) debían ser al tiempo que maestros de la artesanía, personas de probada reputación y honradez, ya que para hacer los botones trabajaban con materiales tan ricos como el oro, la plata, el marfil o la caoba. Llegaron a ser tantas las maestras botoneras que desde el siglo XVI al XVIII esta calle que lleva su nombre fue una de las vías gremiales más importantes de Madrid.

No lo tuvieron fácil los primeros artesanos dedicados al menester de adornar vestidos. Felipe III publicó una pragmática sobre trajes que entre otras cosas prohibía en las ropas todo género de entorchados, torcido, grandujado, franjas, cordoncillos, cadenillas, gorviones, lomillos, pasadillos, carrujados, abollados, reguives y toda guarnición de oro y plata, fina o falsa, de abalorio y acero. Quería el Rey acabar con esos trajes costosos, ostentosos que eran un acicate para exhibir el lujo por la Corte, un mal ejemplo para la clase más desfavorecida que era legión en aquel Madrid. Se advertía a quienes desoyendo las órdenes del Rey engalanaran los trajes que confeccionaran, que podían ser multados con 40.000 maravedís y desterrados de la ciudad, villa o lugar, por tiempo de dos años precisos, y por la segunda vez llevados a un presidio por cuatro años.

No gozaban por aquella época de buena fama las botoneras, que para muchos eran consideradas «mujeres que tras el oficio artesanal de labrar botones y broches, dan en alquilar su cuerpo convirtiendo la calle donde trabajan en una mancebía al aire libre». Tenían fama también de ser hermosas y trabajar con generosos escotes sin mayor recato, por lo que las señoras iban generalmente solas a encargar sus botones y la aislada presencia varonil en aquellos talleres era fruto de un escarceo.

Las botoneras no podían faltar a su cita con un retazo de la historia de Madrid. Reinaba Felipe IV, a quien se le atribuye andar de vez en cuando metido en líos de faldas, pues su debilidad por el sexo femenino estaba más que probada y de ella sabía y sufría su esposa. Cuentan los historiadores que uno de los amores más encendidos del Rey fue el de una actriz de moda por aquellos tiempos a la que se conocía como la «Calderona», de apellido Calderón y de nombre María.

Media Corte sabía de los escarceos del rey con la actriz y la otra media se ponía una venda para no ver lo que era una evidencia. A la «Calderona» no le sentó nada bien ser excluida por la reina de una de las muchas fiestas que se daban en la Plaza Mayor. Se lo hizo saber al Rey. Éste calla, tuerce el gesto y le pide sosiego a la amante.

Llegado el día solemne de la fiesta y cuando 5.000 almas abarrotaban el aforo de la primera plaza madrileña, aparecieron los reyes en el palco situado en la Casa de la Panadería. Enfrente, sobre un balcón levantado para la ocasión, se encuentra, radiante, socarrona, insinuante, María Calderón, y en ese instante los celos de la reina vuelan sobre el festejo de la plaza Mayor.

La reina se muerde los labios. Al regresar a palacio está a punto de recriminarle al rey la presencia de la «Calderona» en la fiesta. Opta por callar e indagar por su cuenta quién y para qué se levantó ese balcón y quién invitó a la actriz.

Al día siguiente la reina se presenta en una de las calles que mueren en la plaza Mayor. Es la calle donde se establecen las botoneras y a las que quiere preguntar sobre el misterio del balcón y la presencia de María Calderón.

Las botoneras no se muerden la lengua. Ellas están al cabo de todo y aclaran la incógnita a la reina:

—Señora, en la noche anterior a la fiesta, una cuadrilla de obreros trabajaron afanosamente para levantar ese balcón por orden de nuestro señor el rey.

Felipe IV se enteró pronto de la confidencia de las botoneras a su esposa y fue tal el enfado con estas gremialistas que privó a todas ellas de autorización para ejercer su labor. Tuvieron que pasar algunos años y algunas calamidades personales, para que estas mujeres suplicaran a la reina el perdón de su esposo, lo que consiguió no sin esfuerzo, y las botoneras volvieron a tener permiso real para poder desarrollar su trabajo.

La moda del siglo XIX era más austera con los vestidos y el arte de la botonería comenzó su decadencia.

Aun así, en 1844 se censaron en Madrid 16 talleres donde trabajan cordoneras y botoneras.

Entrado el siglo XX fue desapareciendo el arte de la botonería y la labor fue industrializada, aunque todavía queda en Madrid una plaza donde se ubican las tiendas más afamadas en cuanto a botones, encajes y otros elementos ornamentales del vestir se refiere. Se trata de la plaza del Marqués Viudo de Pontejos.

LOS BOTICARIOS, REDENTORES DEL DOLOR Y OBRADORES BALSÁMICOS

Cuántas vidas no habrán salvado los boticarios; cuántos dolores no habrán aliviado y cuántos remedios no habrán mezclado en la rebotica para redimir desajustes del cuerpo cuando la ciencia de los médicos no llegaba a todas partes y la sapiencia del boticario sustituía con habilidad, destreza y un poquito de intuición los diagnósticos y la aplicación de la farmacología. Muchas curaciones entendidas en su tiempo como «milagrosas», muchas «pócimas» que aliviaron estados de desesperación y algunos potingues que cicatrizaron llagas y úlceras, estaban en el secreto del boticario, en el secreto elemental que guarda la naturaleza entre raíces, plantas aromáticas, extractos olorosos y esquejes curativos. Después las drogas fueron sustituyendo a los elementos naturales y esenciales de las medicinas, pero siempre el boticario era el bálsamo, la salida del apuro, el alivio del dolor nocturno. La mano del boticario se alargaba hasta donde no llegaba a tiempo la mano del médico.

Madrid siempre ha tenido fama de tener buenas boticas y buenos boticarios. Pero con todo ello quizá el más famoso fuera uno de ficción creado por Ricardo de la Vega en «La Verbena de la Paloma» para dar achares (celos) al Julián, cajista de imprenta, con la Susana. Un personaje, don Hilarión, viejo, conspicuo, verde, adinerado, achacoso y conquistador de hembras jóvenes, que don Nicomedes, un erudito boticario de carne y hueso de la calle de Toledo, asegura que existió y aporta datos: «Se llamaba Hilario Ruiz y era de la promoción facultativa de 1840. Tenía la botica en el número 13 del Humilladero, acreditada más que por sus pócimas por una famosa partida de tresillo a la que asistía el propio padre de Ricardo de la Vega.»

No seré yo quien dude de esta hipótesis apuntada por el boticario don Nicomedes, pues es de conocimiento popular que el autor de la letras de «La Verbena de la Paloma», el citado Ricardo de la Vega, teniendo mala caligrafía y queriendo asear las letras que editaba, acudía a un corrector de imprenta para cerciorarse él mismo de que las galeradas eran fidedigna interpretación de lo que él había escrito. Y parece ser que el cajista de la imprenta le contó un día a don Ricardo los pesares de amor que estaba soportando por culpa de una chulapa a la que pretendía y que se empecinaba en acudir a la verbena del brazo de un viejo. Y de esta historia real nació el Julián, y quizá de lo que le contara su padre sobre la partida de tresillo en la rebotica de don Hilario Ruiz, naciera el personaje del boticario don Hilarión, que en la zarzuela verbenera responde a su afán por pelear hembras, por jóvenes y recias que éstas fueran, y por querellas que pudieran provocar por culpa de otros conquistadores altivos y provocadores:

Tiene razón don Sebastián,
tiene muchísima razón.
Mas si me gustan

las hijas de Eva,
¿qué he de hacer yo?

Don Hilarión es la víctima de esa Susana avispada y juguetona modistilla del barrio de la Paloma, junto a la Fuentecilla, que le utiliza, a él y a su dinero, para darle celos al Julián, y como suele ocurrir en estos casos el boticario sale malparado en el plano físico, se desencanta su corazón en el orden sentimental y se vacía su bolsillo en el aspecto crematístico.

Desde los ancestros de la profesión, al boticario se le consideraba un esforzado científico de mortero y redoma, fabricante de píldoras emolientes, mezclas para cataplasmas, fundidor de hierbas para combatir la inquietud de los nervios, las asperezas de la piel, los males del pecho y los retortijones de barriga.

Quedan todavía en Madrid algunas de esas farmacias donde en la rebotica se elaboran artesanalmente jarabes, supositorios y excipientes, como la situada en la calle Rodríguez San Pedro, abierta en 1931, o la de Fernández Prieto, en la calle de Fernando el Santo, que data de 1883, o la tradicional farmacia de El Globo.

TINTOREROS, HACEDORES DEL MILAGRO DE CONVERTIR UNA PRENDA VIEJA EN OTRA DE ESTRENO

Los mejores tintoreros de la Villa estuvieron establecidos en la calle que hoy lleva su nombre y que va desde la de Toledo a Puerta Cerrada, aunque originalmente se llamó calle de Tintes y ya existieron en ella construcciones particulares en 1645 cuando sus habitantes establecían en los patios de las viviendas o en plena calle los bancos donde teñir los tejidos que después oreaban en las partes altas de las viviendas.

Los primeros maestros tintoreros que llegaron a la Villa procedían de Italia. Eran expertos en la mezcla de las sustancias que habían de determinar el color elegido para el teñido de la prenda, al tiempo que la sabia combinación de estos productos cambiaba la fisonomía de la prenda tratada, pero sin deteriorarla. Algunos cronistas coinciden en que su instalación en la Villa fue fruto de la casualidad y no de la intención de extender sus sapiencias a otros lugares lejanos de sus tierras italianas, simplemente se habían casado con españolas y habían recalado en Madrid donde la Corte despertaba ostentaciones y pretensiones en el vestir, en el lujo, y que la clase menos pudiente no podía sostener por lo que el cambio de vestido se limitaba a un tintado.

Quien deseara teñir paños, lanas y cáñamos no tenía otra opción que acudir a cualquier maestro de la calle Tintoreros si es que deseaba un cambio de color garantizado y huía de la chapuza de aprendices que pasaban ambulantemente ofreciendo sus servicios por las casas y cuyo resultado final era lamentable: colores apagados, tintes que se corrían, telas demacradas o pasadas por un mal combinado de los elementos químicos. Incluso la historia reseña un milagro ocurrido a uno de estos gremialistas. El milagro data nada más y nada menos que de 1582. Tiene como escenario la casa de Pedro de la Vía, en la calle de Tintes, donde vivía y tenía taller el maestro tintero Juan Varelo. Una mañana del mes de marzo la esposa, María Padilla, había preparado una lumbre amplia donde hervía un enorme recipiente con agua destinada al teñido de unas madejas de lana.

El hijo del matrimonio, famoso en la calle por sus travesuras y afán inquieto, había puesto en movimiento su menudo cuerpo de seis años alrededor del enorme perolo con el agua hirviendo. Debió calcular mal una de sus acrobacias, el caso es que se precipitó al recipiente. El dueño de la casa, que no el padre de la criatura, había observado el accidente y lo primero que hizo fue invocar a la Virgen de los Pobres, que se veneraba en el Hospital General. Después quiso socorrer al pequeño pero cayó desmayado por la impresión de la escena contemplada.

El golpe alertó a su esposa, doña Ana López, que acudió al lugar de los hechos. Entonces observó perpleja cómo el chico estaba en pie dentro de la caldera con el agua hirviendo que le llegaba hasta el pecho, pero sin el menor síntoma de haber sufrido daño alguno, incluso esbozó una traviesa sonrisa infantil. La dueña de la casa le cogió de la mano, en el momento en el que llegaba el padre del travieso rapaz, el maestro tintero, despavorido, angustiado porque le había llegado la noticia del hijo abrasado por el agua. Observar que su hijo no había sufrido daño le hizo pensar inmediatamente que se había obrado un milagro, sobre todo porque padeciendo y estando delicado del corazón al maestro tintero Juan Valero el sobresalto no le había inmutado. El niño, con una calma inhabitual en él, contó lo que había sucedido: «Cuando caí a la caldera apareció una señora muy galana que me tendió la mano. No he tenido pena alguna. No me vi morir porque esa señora estaba para ayudarme.»

Dicen que los maestros tintoreros eran forjadores de sueños, capaces de transformar con su sapiencia un vestido conocido, usado, en otro aparentemente novedoso y con ello aliviar penas femeninas de no poder tener posibles para «estrenar» en una verbena, en un baile de Corte o en un paseo intencionado por el Prado de San Jerónimo.

Aún en la mitad del siglo se censaban en la villa catorce maestros tintoreros. Más tarde la aparición de productos químicos, de marcas comercializadas en el mercado, hicieron que el teñido fuera un menester fácil de realizar en casa y por manos inexpertas. Sin embargo en la postguerra las tintorerías seguían siendo un negocio rentable, sobre todo porque eran como especie de oficinas de guardia donde a cualquier hora del día o de la noche se podía recurrir al teñido en negro de una prenda cuando el luto había llamado inesperadamente a una puerta...

Recuerdo aún en los años cincuenta cómo en los patios de las casas las mujeres teñían las prendas o las lanas. Ponían el agua a hervir sobre un barreño de cinc. Después disolvían varios sobrecitos del tinte elegido, generalmente de la marca «La Imperial», y sumergían la prenda dispuesta para teñir, moviéndola pausadamente con el palo de una escoba. La mezcla despedía un vaho empalagoso, un tufillo que se colaba por las fosas nasales y terminaba irritando los ojos. Después la prenda se oreaba durante días mientras que el tinte desembocaba en la alcantarilla más próxima o se escapaba por el retrete comunal.

Desaparecieron los tintoreros, los teñidos caseros y quedaron las tintorerías donde se limpian y planchan prendas, pero donde raramente se cambian de color. Ya no merece la pena teñir la ropa. En la calle de los Tintoreros ya no huele hoy a perfume de hervores químicos ni hay pequeñas acequias cubiertas de colores diversos.

Churreros y buñueleros, el aroma y el sabor de las verbenas

No podía haber verbena que no exhalara el tufillo penetrante y empalagoso de los churros y los buñuelos. Un irónico crítico del siglo pasado llegó a afirmar que era tal la afición de los madrileños por los churros y por los buñuelos que había en la capital casi más churrerías que tabernas.

Sin tanta exageración sí cabe afirmar que tales establecimientos se repartían en apreciable número por las cuatro esquinas de la villa y corte, y especialmente en los barrios modestos de callejas estrechas donde los locales eran pequeños y las salidas de humo se mezclaban con las ventanas de la vecindad. El aroma dulzón de estos fritos empalagaba las amanecidas madrileñas.

Churros y buñuelos que se despachaban en los locales donde un diestro obrador amasaba, apretaba, deslizaba y cortaba hábilmente con los dedos los trocitos de masa que iban cayendo a la enorme sartén de aceite hirviendo, produciendo el inconfundible sonido crepitante hasta hacer de ese chorrito pálido de masa un dorado y crujiente lacito que una señora de cofia blanca y manguitos salpicados de aceite, iba colocando sobre la verticalidad de un junco que anudaba diestramente para llevarlos colgando.

Luego estaban los vendedores ambulantes, los que acudían a las churrerías con sus cestas de mimbre para cargar la mercancía que habrían de pregonar por los barrios: «¡Churros, churritos calientes!»

Churros y porras. A estas últimas los castizos que las compraban en las verbenas las llamaban «combros» y el cliente tenía derecho a que la churrera se las espolvoreara con azúcar.

Los churros eran la disculpa para alargar la trasnochada y para adelantar la madrugada. Los mozos solterones y pudientes, pero no tan pudientes como para pasar el verano en las playas de las Arenas, en los balnearios de Panticosa o en las frescas sombras de Aranjuez, madrugaban en las mañanitas estivales para ir al Retiro, para comer el chocolate con churros y después echar el traguito de agua en la fuente de la Salud. Quedar a tomar el chocolate con churros era un buen argumento para recibir de las lilas marchitas el primer aroma de la mañana junto a las lindas acompañantes que no teniendo por aquellos tiempos del siglo pasado síndromes de engorde, daban en degustar los grasientos churros y las esponjosas porras en medio del total regocijo.

Los obreros que podían gastarse unos céntimos, se daban todas las mañanas, antes de pisar el tajo, el pequeño lujo de una copita de aguardiente y un par de churros. Los noctámbulos que apuraban las últimas horas de la noche en las verbenas, prolongaban la estancia hasta que la churrera fabricaba los primeros productos de la madrugada, pues para que los churros y el chocolate fueran manjar que no perturbara al estómago deberían tomarse cuando éste se encontrara en ayunas o precisara el cuerpo remediar la resaca de una noche de excesos.

Fuera de verbenas, de establecimientos convencionales, de puestos ambulantes, la churrería de San Ginés era el lugar de cita para los noctámbulos, los bohemios, los trasnochadores y los pícaros. Se conocía popularmente a este establecimiento como el «Masins golfo», y es que nada más que golfo podía ser aquél que con frecuencia vivía más por la noche que por el día, que era más amigo de las estrellas que del sol y para el que el verbo madrugar no estaba en el diccionario de su vida. Cuando la golfería quería encontrarse en lugar seguro ahí estaba la churrería de San Ginés. Algunos tenían su particular filosofía para disculpar la cita en el establecimiento: «Si quieres ver amanecer sobre Madrid, no hay mirador más propicio que el pasadizo de San Ginés, ni compañía más grata que una taza de chocolate y media docena de churros, tal vez un par de buñuelos con crema.»

Soy Pura, la buñolera
más afamada de Lavapiés.

Pura es un personaje de sainete lírico, protagonista de «El gorro frigio»:

En la calle de la Primavera,
mi casa y mi puesto le puedo ofrecer,
y allí vendo buñuelos y churros,
y allí la parroquia se cuela en tropel.

Y en la «Verbena de la Paloma» el churro verbenero se hace presente:

Por ser la Virgen
de la Paloma
un mantón de la China-na
China-na,
te voy a regalar.
Toma un churrito,
mi niña, toma,
y no seas endina-na
dina-na,
que me vas a matar.

En la zarzuela «Jugar con fuego», estrenada en el teatro del Circo el 6 de octubre de 1851, se representa la noche de San Juan en las orillas del Manzanares. Intervienen los vendedores:

¡Los ricos buñuelos!
¡Calientes están!
¡Al agua de nieve
con dulce panal...!

Agua, harina, aceite... y destreza

Pocos manjares tan demandados como el churro tienen una composición más sencilla y humilde, de ahí que fuera comida de reyes y de plebeyos, manjar de burgueses y de proletarios. Basta poner agua con sal en un perol de fondo esférico sobre el fuego. Al primer hervor se va echando lentamente la harina hasta obtener una masa consistente y uniforme. Bien elaborada se llena con esta masa el aparato llamado churrera, con el que se van descolgando las porciones sobre el aceite bien caliente hasta conseguir que se hayan dorado convenientemente.

Tampoco son precisos ingredientes de alta alcurnia gastronómica para hacer los buñuelos madrileños: agua, harina, sal, levadura en polvo y aceite. Debidamente amasado se deja en reposo hasta que por el efecto de la levadura adquiere el doble de su volumen original. Después es cuestión de hacer bolas que se van depositando sobre el aceite bien frito y muy caliente. El buñuelo estará listo para ser liberado del aceite cuando se haya inflado hasta navegar como un barquito redondo por la superficie hirviente con un inequívoco aspecto dorado que despierta al paladar.

La gracia de un buen churro o de un dorado buñuelo está en las manos artesanales y bondadosas del obrador, del churrero, del maestro de este oficio antiguo, tradicional, que ha ido resistiendo a los envites de otros nuevos modos gastronómicos. En el caso de los churros el maestro debe saber en qué momento está el aceite en el punto de temperatura apropiado para que no se reblandezcan en la sartén; en el caso de los buñuelos, a la hora de coger la masa ésta debe recibir la caricia de unos dedos fríos para que no se pegue y con el mismo dedo hacer un agujero adecuado en el justo centro del buñuelo; después, mientras se fríe, el churrero deberá mantener metido un palo por el agujero del buñuelo para evitar que el calor lo cierre.

Mediado el siglo XIX se contaban en Madrid un total de veintidós buñolerías-churrerías; algunas eran de temporada y se establecían en los paseos del Retiro por concesión municipal.

A principios de siglo algunos cronistas hablaban y alertaban de lo indigestos que solían ser churros y buñuelos, sobre todo en temporada estival, y las consecuencias que podría acarrear su ingestión sin tino, consecuencias generalmente en forma de empecinadas diarreas que algunos iban a curarse al Café de Pombo, llamado el «café de los cagones», pues fama tenían sus sorbetes de arroz, indicados para combatir esas diarreas persistentes. En los años veinte había censadas en Madrid cincuenta buñolerías.

Es quizá el de los churreros uno de los pocos negocios tradicionales, de los escasos oficios antiguos, que el tiempo no se ha llevado y que además ha variado muy poco en sus formas, aunque ahora las churreras, las máquinas, sean automáticas y corten cadenciosa y rigurosamente el churro y lo viertan sobre el aceite hirviendo.

Siguen existiendo churrerías y buñolerías en Madrid, especialmente en el viejo Madrid, y siguen aromatizando estos productos las noches de verbena. Hasta bien entrada la década de los años setenta hubo en los barrios periféricos de Madrid churreros ambulantes, generalmente chavalines, que repartían su mercancía en una grasienta cesta de mimbre, arropada en el verano por un paño dudosamente pulcro y protegida en el invierno por unos plásticos que trataban de conservar el mayor tiempo posible el calor de los churros en lucha abierta con la escarcha mañanera.

LOS SOGUILLAS, MOZOS DE CARGA PARA TODO

Podría presumirse que el mozo de cuerda o soguilla había de ser fuerte y con las espaldas bien cuadradas para soportar sobre ellas el acarreo de voluminosos y pesados bultos, propios del oficio que no era otro que el de acarrear trastos supliendo las veces de las bestias y trasegando objetos por escaleras y solares. Una referencia del 1815 describe a las personas dedicadas a este oficio: «Son en general gente muy honrada y de quien se puede fiar los mozos de cordel que sirven para llevar y traer muebles, y se hayan habitualmente en las esquinas de las plazas y plazuelas. El precio se concierta con ellos antes, según el volumen y peso de los objetos y las distancias que tienen que andar.»

¿Dónde podrían encontrar estos mozos mejor lugar de concentración que la Puerta del Sol? Allí se apostaban en las esquinas o en el propio centro de la plaza a la espera del solicitante. Edmundo de Amicis cuando habla de la Puerta del Sol dice: «Voces de ¡fuera! a los mozos de cuerda que atropellan...» Y parece cierto que absortos en su carga y traslado no daban en reparar si con los bultos colgados sobre las amplias espaldas golpeaban a los transeúntes y esa misma carga les impedía divisar la cercanía de un carruaje o del propio tranvía.

Los sanitarios les incluían en la lista de profesiones o grupos de riesgo a la hora de contraer enfermedades infecciosas, pues su contacto con objetos viejos, ropas y bultos sucios les exponían a todo tipo de enfermedades y a su contagio. En ese grupo de riesgo estaban también las lavanderas, los albañiles y los aguadores. Durante la epidemia de cólera de 1855, de las 878 personas afectadas en la primera estadística, 53 eran soguillas.

En su «Manual Histórico-Topográfico de Madrid», publicado en 1844, Mesonero Romanos cita a los mozos de cuerda: «Los robustos mozos de cordel, que se hallan en las esquinas de las calles, aunque toscos sobremanera, sirven para conducir los efectos y hacer toda especie de mandados, lo cual ejecutan con bastante exactitud y notable probidad, pagándoles de dos a cuatro reales por cada mandado.»

Pese a que Mesonero los describe «robustos», tengo ante mí una fotografía fechada en 1929 bajo el título de «El soguilla». Se trata de un hombre de avanzada edad, barba crecida y espinazo curvo, sentado en el escalón de un portal. Lleva chaquetón y pantalón de gruesa pana, botas que se le adivinan curtidas en muchas leguas, un amasijo de cuerdas sobre el hombro y una gorra con visera en la que exhibe la placa correspondiente con el número 289. Es la imagen conmovedora de la fatiga, de la fuerza vencida por el tiempo.

En el último tercio del pasado siglo una compañía inglesa, cuyo propietario era un tal Mr. Weil, crea en Madrid un servicio de mandaderos públicos para reemplazar o complementar a los mozos de cuerda que por aquellos tiempos andaban por Madrid sin mayor protección social que el dinero que recaudaban y alguna que otra propina. A los nuevos soguillas se les uniformó con blusa de tela gris, pantalón y gorra azules con vivo de cordoncillo encarnado, una inscripción: «M.P.» (mandaderos públicos) y un número de orden. Se les proveía de bandoleras, cuerdas, parihuelas y otros utensilios que ayudaran en su trabajo. Cincuenta años después este viejo oficio se perdió por la calle del progreso.

LIMPIABOTAS, ARTESANOS DEL BRILLO Y CONFIDENTES SEVEROS

Los limpiabotas tenían que ser personas de confianza por dos razones: una, para garantizar el lustre utilizando betunes que no cuartearan la piel; otra, ser discretos, celosos guardianes de confidencias. Y es que los limpiabotas trabajaban en los cafés mientras los clientes cerraban negocios con una taza en la mano y un limpiabotas a sus pies; trabajaban en los lugares de tertulias; sacaban brillo a los zapatos en reuniones donde se urdían conspiraciones políticas y le daban al cepillo y a la gamuza en prostíbulos de lujo.

El limpiabotas estaba en el secreto de acuerdos de caballeros, de pendencias y amoríos, de intrigas políticas, de secretos profesionales y de inquietudes literarias. Su acreditada fama profesional debería completarse con la virtud de la discreción, de lo contrario no podrían ejercer su oficio en locales cerrados de cierto prestigio donde se podía soportar la penalidad de estar agachado por optar a buenas propinas, mientras que los limpiabotas ambulantes, generalmente jóvenes, golfillos sin oficio ni beneficio la mayor parte de las veces, iban de bar en bar, se apostaban en las puertas de los cines, en los veladores, junto al quiosco de la música del Retiro, en las entradas de verbenas y kermeses y en las salidas del Metro.

Eran personajes con mucho mundo porque aun estando a los pies de los señores, tenían el privilegio de estar cerca de la noticia, del comentario, del chismorreo y del secreto inconfesable. Los de salón iban uniformados y los ambulantes vestían miserablemente, arrastrando de un lugar a otro su caja con los materiales que, como el betún, escaseaban en tiempos de crisis y entonces, a la puerta del Metro, los limpiabotas utilizaban sin ningún tipo de escrúpulo para el cliente y sus zapatos el popularmente llamado «betún del soldado», que no era otra cosa que la saliva.

Eran esmerados celadores del argot castizo en su lenguaje.

—Señor, ¿quiere usted que le saque brillo a los calcos?

—Caballero, soy el limpia. Le voy a dejar los calquitos como los chorros del oro. Si es preciso me dejo las picas sacándole lustre.

—Señor, mientras usted pucha y guila, yo le dejo los calcos relucientes. A ver, súbase los alares.

—Soy el limpia del barrio, dejo los calcos chipén y no tenga cuidado que le protejo bien los bullos.

Cuando hablaban de calcos o caquitos se referían a los zapatos, las picas eran las uñas, guilar y puchar era mirar y hablar, los alares eran los pantalones y los bullos los calcetines.

En el Madrid de la Belle Epoque un cronista escribía que: «Siendo pocos los que llevan calzado de cuero nunca ha habido tantos limpiabotas, que no sólo pululan por las calles, sino que actúan en locales céntricos dedicados exclusivamente a la limpieza de los zapatos.» En 1928 había en la capital 45 salones de limpiabotas.

En el año 1952, siendo alcalde de la villa José Moreno Torres, el Ayuntamiento ordena la actividad de los limpiabotas. Se fijan trescientos puntos de trabajo en todo Madrid, y solamente en esos puntos fijados podrán ejercer su actividad, exigiéndoseles uniforme y aseo debido; además deberían llevar en sus cajas, en lugar bien visible, los precios de los servicios. Como es de suponer, la ordenanza no fue seguida a rajatabla ni mucho menos y la aparición de limpiabotas ambulantes, generalmente niños, era un fenómeno incontrolable por más que los guardias urbanos recibieron orden de reprimir a quienes no estuvieran autorizados para ejercer el oficio o lo hicieran fuera de los puntos designados.

Clandestinos eran los limpiabotas que protagonizaron la noticia un día del año de 1963. Fueron detenidos unos cuantos, de raza gitana por abundar en más señas, porque los muy cucos estafaban a sus clientes extranjeros. La estafa consistía en arrancar los tacones de los zapatos en un momento de descuido. Hacían ver que el cliente había llegado con ellos desprendidos y le ofrecían poner unos nuevos por los que cobraban 250 pesetas, que siendo dinero de 1963 era un precio más que abusivo.

El oficio de limpiabotas aún no se ha extinguido pero claramente está en crisis. Sigue habiendo trabajadores de este oficio que lo ejercen en locales cerrados, en sitios fijos, y también sigue habiendo limpiabotas ambulantes, generalmente, como hace muchas décadas, chavalillos.

Atrás quedaron esos maestros en el arte de sacar brillo a los calcos, quizá porque en aquellos tiempos era menester aliviar de polvo al calzado, tan acosado por el estado polvoriento de las calles y tan asediados por frecuentes barrizales. Limpiabotas que se apostaron en el Prado para dar brillo y esplendor a los calzados de los paseantes, que fueron parte de tertulias aromatizadas de café, que sacaron lustre a los botines de las señoritas que merendaban torrijas y hojaldres con chocolate en las tardes del Ritz, aquellos limpiabotas de merenderos y saraos:

> Soy el limpia del café
> de la vida un arrastrao
> siempre me encuentro tirao
> y tocándole los pies.

LOS CANTEROS, MIMADORES DE LA PIEDRA BLANCA DE COLMENAR

De no haber tenido Madrid siempre una buena nómina de afamados canteros no habría sido posible construir un Alcázar que el tiempo y un incendio destruyó, levantar el Palacio de Oriente, la Puerta de Alcalá, otras puertas famosas, iglesias, conventos y una catedral que iniciaron casi los mismos canteros que habían rematado el Palacio Real y que han concluido las generaciones posteriores de aquellos canteros, los artistas de la piedra que aún no han desaparecido, porque mientras haya piedra en Colmenar de Oreja podrá seguir habiendo edificios sobrios, construcciones suntuosas.

Los maestros canteros de Madrid tenían fama en todo el mundo. Y es que después de haberse establecido aquí la Corte, surgieron buenos artesanos de la cantería para dar satisfacción a tanta demanda de construcciones donde la piedra era elemento imprescindible para dar consistencia y prestancia.

Tuvieron trabajo a destajo estos gremialistas siendo rey Carlos III y al tiempo «alcalde» de la Corte. El cambio ornamental que el monarca dio a Madrid exigía una renovación y una revitalización de la piedra. Por eso no fueron suficientes los canteros de la Villa y llegaron también de otros puntos, especialmente gallegos, no en vano se les tenía como los más esforzados a consecuencia del duro granito que habían de trabajar de las canteras de Galicia. En la construcción y levantamiento de la Puerta de Alcalá, obra de Sabatini, trabajaron más de cincuenta canteros, veinte de los cuales eran gallegos. En la construcción de San Francisco el Grande los canteros procedentes de Galicia tuvieron una presencia importante y llegaron a ganarse la confinza y el aprecio de Francisco Sabatini quien dijo de ellos: «Son trabajadores esforzados, perseverantes, buenos maestros y pacientes.»

En el Palacio Real se combinan dos tonalidades que corresponden al gris típico de la piedra berroqueña de la sierra del Guadarrama y la piedra blanca de Colmenar de Oreja. Por primera vez en las obras de este Palacio los canteros utilizaron la martillina en lugar del trinchante para labrar la piedra caliza. En la construcción de la vecina catedral de la Almudena también se utilizó la piedra de Colmenar para no romper la sintonía con el Palacio. Comenzaron las obras aquellos canteros de martillina y la han concluido los canteros modernos de sofisticadas herramientas para cortar y labrar la piedra, lo que ha hecho de este trabajo una labor menos penosa, claro que ha tenido que pasar más de un siglo.

Los canteros madrileños pusieron su trabajo y también su arte en prácticamente todos los monumentos notables de la capital y en otras obras más modernas como las de los Nuevos Ministerios. Algunos monumentos de la provincia y de fuera de ella tienen la huella de los canteros madrileños y también conservan la piedra de las canteras del Guadarrama, como el acueducto de Segovia, el Monasterio de El Escorial o el Valle de los Caídos.

Si el pueblo madrileño de Colmenar de Oreja tenía y sigue teniendo las mejores canteras de piedra blanca, también dio los mejores canteros que bajaban a trabajar a la capital y regresaban a sus casas los fines de semana:

Colmenar tiene tres cosas
que no las tiene Madrid:
Los hornos y las canteras
y el puente de Zacatín.

El subsuelo de Colmenar sigue guardando hoy esa preciada piedra blanca idónea para construir monumentos y crear esculturas, y conserva también a sus maestros canteros, aunque el oficio ya es menos artesanal gracias a la moderna maquinaria. A mediados del pasado siglo aún quedaban en Madrid catorce maestros de cantería; después el hierro, el aluminio, el cemento y el ladrillo fueron apartando de la construcción la piedra y orillando a los artesanos del oficio de la cantería.

BOTIJEROS DE BORRIQUILLO Y BARRO METIDO EN PAJA

«¡El botijeroooooo! ¡Botijos que hacen el agua fresquita! ¡El botijero!»

Recorrían las calles de Madrid con su cargamento de barro que aún conservaba el perfume del horno. Barro rojo o blanco. Piezas, botijos generalmente, cuidadosamente alojadas entre pajas a lomos de un viejo borriquillo, que nunca había ensayado otra cosa que no fuera el paso, cabeza inteligente que sabiendo la custodia frágil que llevaba sobre sus lomos caminaba lentamente, cuidadosamente, casi con recogimiento y dulzura, y aunque el amo le atizara para acelerar el paso con un ligero trote, prefería aguantar los palos que poner en riesgo su delicada mercancía, como si fuera el primer celador de esa carga de barro.

El botijo, tantos años compañero infatigable del hombre del campo, a veces único elemento capaz de preservar el agua fresca contra el sudor, era también objeto indispensable en un Madrid que aún no había recibido la modernidad de los refrigeradores, que sólo sabía de pozos de nieve y de las primeras fábricas de hielo, pero que descargaba la responsabilidad del agua fresca en el vientre oscuro de un botijo, siempre en la ventana, siempre a pie de silla en esas tertulias vecinales del patio o la calle cuando el sol de verano se marchaba y la noche redimía algo la calentura del día.

Quizá por eso el botijo era un elemento siempre en vanguardia de cualquier acto comercial. Había tiendas de botijos en los mercados, puestos en las verbenas y botijeros en las ferias, y durante todo el año recorrían ambulantes los barrios para ofrecer la mercancía de barro, la mercancía artesanal, porque un buen botijo había de tener la arcilla o el barro de calidad, la cocción perfecta y el pitorro adecuado para cumplir su misión de mantener el agua en estado fresco y apetecible. Botijo curado con una cucharadita de anís, para borrar el seco sabor del barro recien cocido.

Dicen los cronistas de la época que la llegada del botijo y de los botijeros a Madrid es culpa del Santo Isidro ya que por el mes de mayo, cuando se celebraba su romería, llegaban a la villa mozos de todos los puntos de España, especialmente de Andalucía, para ofertar a los romeros, a las chulapas y a los majos, su mercancía de barro en la pradera del Santo.

Llegaban en grandes serones portados por borriquillos y guiados por un hombre que vara en ristre se desgañitaba anunciando su pregón: «¡Botijas y botijos finos!», ya que de la finura del barro dependía después la finura del agua.

Que el botijo fue todo un símbolo en el Madrid que se nos fue lo demuestra el hecho de que bastaba elevar la vista hasta los balcones o las ventanas para ver en cada una de ellas un botijo colgado de un clavo, con una funda de ganchillo en su embocadura para evitar la entrada de insectos. Se les veía también en los andamios, junto a las virutas en las serrerías, en los comercios y en los puestos de melones. Y el botijero ambulante, procedente de tierras andaluzas o de tierra pacense de barros, se integró rápidamente en el costumbrismo madrileño y se hizo un hueco entre los personajes castizos de las zarzuelas. Así en la de «Pepe el sereno», de Ramón López Montenegro, aparece un botijero anunciando su mercancía:

«¡Al buen botijito
pa beber a chorro!
¡Mirad que bonito
que tiene el pitorro!
Se le llena de agua;
se saca al balcón,
y viene enseguida
la congelación»

En «Agua, azucarillos y aguardiente», encontramos un soneto dedicado al botijo:

«Desprecio del Japón o de la China
el grandioso Tibor de porcelana,
el vaso etrusco, el ánfora romana,
y la tinaja griega o damasquina.
Te canto a ti, que el agua cristalina
sabes frigorizar sin pompa vana,
expuesto en el balcón o en la ventana
a los besos del aura vespertina.
Cuando mi boca en ti, bello cacharro
busca ardorosa el abundante chorro
y con mis manos cálidas te agarro,
siempre encuentro propicio a mi socorro
el caudal que reflejas en tu barro
y que brota sutil por su pitorro»

Y es que el botijo era cacharro humilde pero querido, cacharro modesto pero anhelado. Se hacía novio de las rosas en el brocal del pozo, amante de los geranios en la filigrana del balcón, pretendiente de gargantas chulaponas en las verbenas y mozo de trabajo en las manos de las aguadoras ambulantes.

Es difícil encontrar ya por las calles de Madrid a los botijeros ambulantes. En la primera década de los años ochenta aún se podía hallar a alguno de éstos. Recuerdo una mañana del mes de agosto que me encontré con Daniel, botijero que paseaba su mercancía por el barrio de Usera. Me contaba este hombre nacido en tierras onubenses que llevaba quince años en Madrid vendiendo la mercancía de barro:

—Primero trabajé en la construcción, pero después decidí volver a mi antiguo trabajo, porque en el pueblo siempre había vendido «piporros». Del negocio, ¡qué le voy a decir!, voy tirando, malamente, pero tirando. Me hago veinte kilómetros diarios y saco limpias unas seiscientas pesetas. El botijo es un artículo barato y deja pocas ganancias, gracias a que a la gente le sigue gustando beber el agua en «piporro» y hay mucha clientela. Los botijos oscilan entre las veinte y las sesenta pesetas, según el tamaño...

Era el comienzo de la década de los ochenta. Hoy un botijo cuesta entre ciento cincuenta y quinientas pesetas y si es difícil encontrar un botijero ambulante que pregone la mercancía. Los botijos pueden encontrarse en cualquier comercio de loza, en puestos de los mercados, en las verbenas y, sobre todo, en abundancia y clase, en la pradera de San Isidro cuando el mes de mayo despierta la devoción al Santo.

La florista viene y va y sonríe descará... por la calle de Alcalá

Por la calle de Alcalá
con la falda almidoná
y los nardos apoyaos en la cadera,
la florista viene y va
y sonríe descará
cuando pasa por la calle de Alcalá...

Es casi un himno, el emblema musical y costumbrista de Madrid, el homenaje a las floristas, ramos ambulantes de dulzura y color. Desde las Ventas bajaban por la calle de Alcalá hasta llegar a la Gran Vía. Se paraban en los cafés, a las salidas de los teatros, se congregaban frente a Chicote, justo donde ahora una estatua en bronce del escultor Santiago de Santiago las recuerda:

Compre usted, nardos caballero,
si es que quiere a una mujer
nardos no cuestan dinero
y son lo primero para convencer.
...Luego si alguien se los pide
nunca se le olvide que yo se los di.

Nardos para conquistar a la dama perseguida, para romper hostilidades amorosas, para despertar romances dormidos en el regazo de la timidez. Allí estaban las floristas como el ungüento eficaz y oportuno en un momento delicado; como el bálsamo que aromatizaba celos y sospechas. Flores para encandilar, para sorprender, para conquistar. Y en cada ramo la sonrisa y la mirada agradecida de la florista, la mujer joven o talludita de las manos cuarteadas por la humedad de la mercancía, veladora de noctámbulos, serena melancolía de colores por las terrazas y los veladores de mármol blanco, por el escurridizo adoquinado o revoloteando a la puerta de esos locales de perversión donde la salida era más suave si se ofrecía una flor fresca.

La ramilletera, garbosa, pisporeta, hembra de buen ver, golondrina que colgaba sus ramos en las verbenas de San Cayetano o la Paloma:

Gracia y sal, el Padre Eterno
por quintales echó en él.
Manos quietas, don Travillas,
que del Rastro a Maravillas,
del Barquillo a las Vistillas,
nadie toca a la Isabel.
Qué clavel.

Y por la Cuesta de San Vicente también subían las floristas hasta la calle Bailén voceando su mercancía:

«¡Lilas de la Casa de Campo, lilas!». Algunas de ellas tuvieron el privilegio de ofrecer sus ramos de lilas al propio rey don Alfonso XII antes de ser coronado y cuando con flores conquistaba el amor loco de María de las Mercedes, que si bien amaba las dalias sevillanas, terminó abrazando contra su pecho los racimos de lilas de la Casa de Campo.

Como ave precursora
de primavera,
en Madrid aparece,
la violetera

No eran las violetas imperiales, sino las cultivadas en los viveros que se arracimaban en las orillas del Manzanares o junto a los ventorros del Abroñigal. Violetas para perfumar las serenas noches de la primavera madrileña.

Ellas, las floristas, las aves precursoras de primavera, fueron también personajes para la historia triste de un melodrama. La florista que se va arrugando más lentamente que sus flores frescas de primavera, pero que termina como ellas, deshojando sueños, venciendo mustios vientos otoñales, secándose, haciéndose vieja, despertando de los recuerdos con cada rebullir de la primavera, encendiendo sus ojos apagados con el fulgor de las rosas nuevas que revientan en la rosaleda del Retiro, marchitándose en la agonía del tiempo, venciendo las leyes de la botánica porque sus pétalos eran carne de carne, soñando impenitentemente que algún día esas flores, ese ramo ofrecido con una palabra de amor, fuera para ella, soñando amores para dormirse en los brazos cálidos de la vejez.

Las floristas se fueron desvaneciendo con las últimas

bocanadas de romanticismo y con los primeros brotes del nuevo sistema comercial del envío de flores a domicilio, de un lugar a otro del mundo, sin que sea menester la mano firme de la florista ofreciendo su mercancía perfumada, sin que sea preciso apoyar los nardos en la cadera.

En la historia quedarán aquellas floristas que pasearon el Prado donde fueron célebres las intrigas amorosas y los lances caballerescos, quién sabe si una flor impidió lances y quebró intrigas; que pasearon por la Florida para aliviar penurias de lavanderas con una violeta olorosa; por el paseo de la Virgen del Puerto entre familias que en las tardes domingueras comían y precisaban de una flor para el postre, para poner sobre el ojal de la solapa del chispero que se había desprendido con una cesta apretada de bocadillos de filetes empanados y pimientos fritos para conquistar primero el estómago de la familia y después la mano de la niña; que pasearon el arrabal de Chamberí para despertar sentimientos románticos de los chamberileros o se apostaron en la Puerta del Sol, en compañía de los aguadores, para ofrecer su mercancía a los que llegaban de fuera y se llevaban de Madrid como recuerdo unos canutillos de barquillo y un ramo de nardos.

Si las floristas llegaron como aves precursoras de primavera se fueron con los vientos del otoño, esos vientos que arrastraron viejas costumbres, viejos oficios. Ahora las floristas son vendedoras ambulantes, generalmente de raza gitana, que nada tienen que ver con el romanticismo y la raigambre de aquellas floristas de sainete.

QUESO Y MIEL DE LA ALCARRIA PARA EL GUSTO DE LOS MADRILEÑOS

Muchos vendedores ambulantes traían sus productos desde otros pueblos para vender en la capital de España. Así se voceaba por las calles de la Villa el requesón de Miraflores, los espárragos y el fresón de Aranjuez, los melones de Villaconejos, los rábanos frescos de la vega del Tajuña, las coliflores de Griñón, las berenjenas de Almagro, las alcachofas de Getafe, las patatas de Malagón, los melocotones de Aragón, las manzanas de Talavera y sobre todo, el queso y la miel de La Alcarria.

Vendedores ambulantes intachables en su forma de vestir, austeramente castellana, reciamente manchega: traje de pana, camisa de franela, sandalias o zapatillas y boina para protegerse la cabeza de los áridos vientos del secano madrileño. Sobre el hombro unas alforjas de tela rallada que guardaban en su modesto vientre olorosos quesos de La Mancha y perfumados chorizos que dejaban huella en la tela de la alforja y lloraban lágrimas de grasa y pimentón por la pana del ambulante. En la mano sujetaba un pequeño tonel de madera que guardaba celosamente el fruto de las labores colmeneras; el dulce fruto de La Alcarria, la espesa y aterronada miel que el vendedor sacaba con una larga cuchara de madera e iba despachando en tarros, frascos y tazones.

«¡El queseroooo! ¡Queso, miel y mantequilla de La Alcarria!» Y al pregón sonoro bajaban las mujeres con sus recipientes para comprar los sabrosos frutos de la comarca castellana.

Los queseros y mieleros de La Alcarria llegaban a Madrid con sus familias, procedentes de tierras de Guadalajara, principalmente de Brihuega y Sacedón. Solían alojarse en el mesón de Paños, del que se decía era el más dulce de Madrid, pues no en vano las barricas de madera de los alcarreños dejaban su impronta de perfume en las habitaciones del establecimiento, un aroma empalagoso que se mezclaba con el olor a humanidad y a vino rancio del mesón.

Los últimos vendedores ambulantes de La Alcarria tuvieron serias dificultades para sobrevivir en Madrid. La competencia era dura y la ordenación de la venta ambulante les dejaba fuera de la legalidad municipal, casi en la clandestinidad a su oficio. Uno de esos últimos mieleros me contaba que hubo épocas en que había más de doscientos vendiendo por las calles de Madrid. «Pero ya quedamos muy pocos. Hay que darse un palizón diario para sacar cuatro perras. Las amas de casa prefieren comprar estos productos en los comercios. Creen que nosotros las engañamos, sobre todo en el peso, y eso sí que no es cierto. Como esos productos no los hay en el mercado. Son naturaleza pura. Los traigo de Guadalajara y de Ciudad Real. Queso auténtico manchego y miel pura de La Alcarria, sin mezclas. Sólo salgo a vender por las mañanas; por la tarde echo horas en una obra, de albañil; esto no da para vivir.»

Con ellos se marcharon el tufillo dulce de la miel, el queso y el chorizo en una sinfonía de aromas que rápidamente descubría al quesero de La Alcarria, antes de que él lanzara su sonoro pregón. Y también otros vendedores de productos perecederos que vocearon sus mercancías por las calles de la Villa: el vendedor de higos de El Álamo, el de pepinos de Leganés, el de pan de Torrejón, uva garnacha y albillo de Fuencarral y vino de Móstoles.

COLCHONEROS, VAREADORES DE LA LANA Y LA BORRA SOBRE LOS ADOQUINES

Cuando la primavera había entrado sin paliativos en las calles y en los patios calentando el encintado y los adoquines, alargando en el tiempo del día la luz de Madrid, aparecían por las calles los colchoneros, los vareadores de la lana apelmazada en el vientre de los colchones, dormida y apretada en el letargo del largo invierno. Con la primavera había que espabilarla, desentumecerla y esponjarla a base de varetazos.

Muy temprano paseaba su pregón el colchonero por los barrios del viejo Madrid. Al menos una vez al año era menester descoser el colchón y apalear la lana para hacerla más mullida y sacarla del entumecimiento. No se había inventado el colchón de muelles; la lana para los más pudientes y la lana mezclada con borra para los más modestos eran el regazo nocturno sobre el colchón.

El colchonero iba provisto de un juego de varas que cimbreaba con saña para deshilvanar los entresijos del colchón, para ahuecar la lana. Con una vara en cada mano golpeaba y adventaba lo que fue pelo de oveja, lanzando al aire las madejas y produciendo un sonido seco y contundente, como el sonido del látigo que se estrella contra la montura.

La labor duraba varias horas hasta dejar bien esponjada la lana para después enhebrar las largas y curvilíneas agujas y coser los bordes del colchón con su vientre ya liberado del estreñimiento, del apelmazamiento de la lana.

Comentaban los cronistas que no se sabía por qué extraña razón llegada la primavera solía verse una legión de colchoneros vareando la lana en los caminos que bajaban hasta la Puerta de Toledo, en los campos de San Isidro y en el Campillo de Gil Imón.

En la postguerra los colchoneros solían cobrar tres pesetas por pieza y eso podía llevarle prácticamente media jornada de trabajo. En la década de los años sesenta, cuando se extinguieron, el precio era de 1.200 pesetas. Después llegaron los colchones sin lana, los anatómicos, incluso los de agua, y la lana, la borra, quedaron en desuso y, en consecuencia el oficio de colchonero se esfumó una mañana de primavera.

Quizá en el repaso a este entrañable mundo de los viejos oficios se nos hayan quedado algunos en el recodo del olvido, pero hemos querido recrearnos en aquéllos que gozaron de más popularidad, que permanecieron enraizados por más tiempo en la pequeña historia de la sociedad madrileña, de los gremios, del mundo laboral en definitiva.

En cualquier caso sería injusto dejar en el olvido, aparcados en un rincón de la memoria a otros oficios que el tiempo se llevó y que vamos a recordar en síntesis, en una especie de breviario.

Guardagujas. Antes de que la tecnología se subiera al tren ellos estaban a pie de vía, alojados en una pequeña garita que era todo un mundo de soledad y de responsabilidad. Gentes humildes, trabajadores no cualificados de los ferrocarriles que tenían la importante misión de cambiar el rumbo de los viajes, de ordenar sobre la marcha la dirección de los trenes. Llevaban sobre sus espaldas el peso de la responsabilidad de un trabajo que no admitía errores, porque un error podía ser la antesala de la catástrofe. Fueron los solitarios hombres del invierno en parajes perdidos donde habían de anudar y desanudar vías, cambiar a golpe de palanca la dirección y el destino de los pasajeros; eran sombras alumbradas por faroles de aceite sobre los fríos raíles; fueron compañeros de traviesas aceitadas, amigos del vapor y de la carbonilla.

Afiladores. Se ha perdido de las calles de Madrid el viejo y singular sonido de las pequeñas flautas que lanzaban acordes anunciando la presencia del afilador. Acordes sostenidos para alertar a las amas de casa, a los carniceros y a los pescaderos de que pasaba por allí el hombre encargado de dar filo a la navaja, al cuchillo, a las tijeras.

Recorrían calles y plazas con su afilador sobre la rueda que servía para el deslizamiento del cacharro y para mover las poleas a golpe de pedal. Poleas de cuero que hacían girar con ritmo esa piedra encargada de rescatar de su romudez a los objetos cortantes. El sonido metálico del acero librando una cruenta batalla contra la piedra, el chisporroteo del contacto, formaban parte de la imagen un tanto bucólica y trasnochada del afilador callejero. Había en la mitad del pasado siglo hasta 15 talleres de vaciadores en Madrid y en un censo de 1928 se contabilizan más de 50 afiladores ambulantes con licencia y 20 establecimientos de vaciado.

Tostadores de café. Ellos aromatizaban el pesado aire de Madrid con los vapores penetrantes del café puesto al tueste en plena calle. Solían instalarse a las puertas de los mercados, allí donde las mujeres compraban los granos verdes y en un periquete el tostador se los doraba en esas máquinas semejantes a bocas de gigante que exhalaban humo y efluvios aromáticos. Artilugios hechos artesanalmente, hornos portátiles provistos de una larga chimenea y bien surtidos de carbón.

El tostador, sentado en una banqueta, daba vueltas a la manivela de hierro fundido para que los granos de café alcanzaran el punto ideal de tueste. Algunos vendían el café a granel y después lo tostaban al gusto. Cuentan que uno de los tostadores de café más apreciados de la villa se instalaba en la calle de Toledo, allá por el primer tercio de este siglo. Era un tipo entrañable que mientras las mujeres esperaban a que el grano se dorase, les contaba historias de amor que decía habían sucedido en este Madrid cuyos entresijos no tenían secretos para él.

Fotógrafos ambulantes. Cuántas escenas de amor y desamor, de gozo y sufrimiento no habrán inmortalizado en las calles de Madrid aquellos pioneros del foto-matón, los minuteros del retrato, precursores de un mundo de la fotografía que ellos hicieron en la propia calle.

Se instalaban por los parques y paseos a la espera de que un primer idilio prendiera el deseo de ser inmortalizado. Acudían con su trípode y su caballete, su máquina y su cortinilla a las verbenas y a las ferias para impresionar escenas de gozo, de diversión. Desaparecieron un día de la escena de Madrid, el mismo día en el que la tecnología arrinconó a esas vetustas máquinas de retratar que eran de fuelle y se tragaron tantas imágenes de niñeras, de soldados, de pequeños subidos al caballito que «ponía» de su parte el fotógrafo. Ellos entraron por méritos propios en el mundo del género chico. En «El Bateo», sainete de Antonio Domínguez y Antonio Paso, aparece el fotógrafo ambulante en la Florida, dispuesto a captar las escenas de un bautizo. Al fotógrafo se le conoce en el barrio como el «Película» y dispone al grupo para hacerle la placa:

No tengan cuidao
que saldrán muy bien.
¡Qué conjunto!
¡Qué clichés!
¡Qué precioso
va a ser!

Era meticuloso el fotógrafo callejero. Ordenaba la pareja o el grupo, atusaba el flequillo del crío que se había sentado sobre el caballito y sólo pensaba en cabalgar y no estarse quieto. Era el armador de la familia, colocando a cada uno en su sitio en riguroso orden de edad; vencía las timideces de los enamorados insistiéndoles en que se arrimaran más, que rozaran sus caras. Eran los minuteros, capaces de parar con un apretón de pera el tiempo y dejar grabadas las imágenes para que el tiempo fuera madurándolas hasta alcanzar el color amarillento, romántico, nostálgico de los años.

Paveros, precursores de la Navidad. En los días próximos a la Navidad las calles de Madrid se llenaban de desfiles de pavos camino de la plaza o del mercado. Era el manjar típico de la Nochebuena y la demanda en la capital de España era de tal calibre que llegaban paveros con sus animales desde todos los puntos del país. Dos eran los puntos claves para el mercado de pavos: la plaza de Santa Cruz y la de San Miguel. Allí se daban cita los paveros con sus animales, manteniendo a las aves en ordenado corrillo a base de esparcir granos de maíz por el suelo, mientras la pavera o el pavero exhibía cogido por las patas al ejemplar más lustroso.

Un año, el de 1893, se formó un gran revuelo porque los pavos habían subido una peseta en pieza, y ya costaba entre cuatro y siete pesetas llevar uno de estos animales hasta la mesa de Nochebuena. Los cronistas ironizaban cada año con los cortejos de pavos que llegaban de los caminos de Getafe, los Carabancheles o los corrales de Fuencarral. «Ya están en Madrid los mártires de la Navidad. ¡Pobres animales!, víctimas de una tradición que acaba con sus vidas», decía un cronista, a lo que un pavero respondía: «Víctima de la Navidad somos nosotros que tenemos que pelear con los bichos, traerlos desde lejos y después volvernos con la mayor parte de ellos porque el madrileño ve muchos pavos, les palpa los buches y luego compra carne de pollo para la cena de Navidad.» Los paveros también dijeron adiós un día a su cita anual con el mercado de la plaza de la Cruz o el de San Miguel.

Deshollinadores. Aquellos carbones, redentores de fríos, ponían boinas negras a los tejados de Madrid. Los tejados de Madrid, cuarteles curvilíneos de gatos en celo con sus chimeneas como enormes cigarrillos que expulsaban el humo del viejo fogón, de la estufa de hierro, del horno fundido. Carbón de piedra, almendrilla, bolas, elemento básico para cocinar y calentarse antes de que el gas y la electricidad fueran agostando carboneras y cerrando carbonerías oscuras, casi en la penumbra sólo redimida por una bombilla de «cuarenta», con olor a tea y cubiertas las paredes con el fino polvo del carbón que el carbonero llevaba metido en las uñas como un luto de por vida.

Cada dos o tres años era menester deshollinar las chimeneas, liberarlas de esa opresión esclerótica del hollín que iba tapando la oquedad hasta el punto de romper la verticalidad del tiro y revocar el humo hacia el interior de la cocina. Llegaban los deshollinadores a conquistar tejados para introducir sus cuerdas y sus plomos por las bocas de las chimeneas hasta dejar expedito el camino de la respiración de la cocina o de la estufa. A mí siempre me parecieron negros llegados de un país africano porque siempre les veía con la cara oscura, las manos tiznadas y el pelo tapizado de hollín.

Se movían por los tejados mejor que los gatos, escalaban buhardillas y rondaban chimeneas como si su vida estuviera en las alturas, dominando con su rostro oscuro la cabeza de los edificios de Madrid.